AF297855

LE
SIÉGE D'ANVERS
EN 1814

FRAGMENT DES MÉMOIRES DE LA VIE DE CARNOT

RÉDIGÉS PAR SON FILS

EXTRAIT DE LA *REVUE DE PARIS* DU 15 AVRIL 1857.

PARIS
IMPRIMERIE DE PILLET FILS AINÉ
RUE DES GRANDS-AUGUSTINS, 5.

1857

LE SIÉGE D'ANVERS

EN 1814 [1]

La France suivait du regard avec anxiété l'élite de ses enfants entraînés par Napoléon dans les steppes de la Russie.

Tout à coup d'affreuses nouvelles viennent porter le deuil au sein des familles : nos soldats, vaincus par une nature inclémente plus que par les armes ennemies, jonchent de leurs cadavres les routes qu'ils ont naguère parcourues en triomphateurs. Napoléon, plus soigneux de sa couronne que de tant d'existences précieuses, abandonne ses héroïques compagnons; il accourt à Paris pour faire tête aux adversaires que lui suscitent ses malheurs. Il rassemble de nouvelles cohortes et retourne au combat. Mais l'Europe entière s'est soulevée; les peuples veulent enfin secouer le joug que son ambition leur a imposé; il livre bataille

[1] M. Carnot ayant bien voulu nous offrir, pour la *Revue de Paris*, un chapitre inédit de ses *Mémoires* sur la vie de son père, nous avons choisi celui qui raconte le siége d'Anvers en 1814. Il nous a paru que cet épisode historique empruntait un intérêt particulier à l'hommage que les citoyens de cette grande ville vont rendre à leur défenseur en lui érigeant une statue devant l'église de Saint-Willebrord.

Ce chapitre s'ouvre à la fin de cette longue période de l'empire napoléonien, que Carnot venait de passer dans une laborieuse retraite : protecteur de Bonaparte à son début dans la carrière militaire, son correspondant et son ami pendant les campagnes d'Italie, son ministre de la guerre pendant le consulat, il s'était séparé de lui pour ne pas servir d'instrument à ses projets ambitieux, et avait voté seul au tribunat contre le rétablissement du principe monarchique dans sa personne.

aux peuples à Leipzig et succombe. Napoléon revient encore demander à la France des sacrifices d'hommes et d'argent. Cette fois il ne s'agit plus de conquêtes lointaines; il s'agit de préserver le territoire national. Mais le sénat et le corps législatif, qui n'ont pas marchandé notre sang et nos richesses pour des expéditions aventureuses et des agressions injustes, s'en montrent avares aujourd'hui. Tandis que d'anciens lieutenants de l'empereur préparent leur défection, les salons du faubourg Saint-Germain, qui lui ont fourni des aides de camp et des dames d'honneur, vont prendre une attitude frondeuse et renouer leurs correspondances avec le comte d'Artois.

Quelques jours encore, et cette hostilité ravivée osera éclater. Un groupe d'hommes politiques s'en fera l'interprète. La parole de M. Lainé fut courageuse, sans doute; mais elle mérita la réponse amère de Napoléon : « C'est il y a quatre ans qu'il fallait me dire cela. »

Il se passait tout autre chose dans notre humble maison. Habituellement, lorsque des amis s'y réunissaient au coin du feu et que la conversation tournait à la politique, elle n'était pas bienveillante pour l'empire. Cependant, à mesure que l'horizon vint à s'assombrir et que les nouvelles de la guerre arrivèrent plus tristes, les entretiens de ce genre se ralentirent devant la gravité croissante de mon père. Il oubliait ses anciens griefs en calculant avec inquiétude les dangers de la patrie; et Napoléon conquérant et despote s'effaçait à ses yeux pour faire place à Napoléon défenseur de la France.

Une profonde douleur le frappa lorsque Moreau, aveuglé par un ressentiment personnel qui explique sa conduite sans la justifier, apparut tout à coup dans les rangs ennemis. Mon père nous parlait quelquefois de son *cher Fabius*. Depuis ce jour, le nom de Moreau ne sortit plus de ses lèvres.

Le dimanche 30 janvier 1814, notre domestique vint me chercher à ma pension comme à l'ordinaire. Tout en marchant, il me dit qu'on faisait à la maison des préparatifs de voyage.

Presque en même temps que moi, mon frère arriva de l'École polytechnique. Mon père nous annonça qu'il partait à l'instant pour aller prendre le commandement militaire d'Anvers.

Voici ce qui s'était passé :

Quelques jours auparavant, Carnot se trouvait à la bibliothèque de l'Institut, lisant les journaux qui racontaient le passage du Rhin par les armées alliées. Après cette lecture, il se leva. Plusieurs de ses collègues m'ont dit l'avoir vu se promener avec agitation dans les salles, puis s'arrêter, comme un homme qui vient de prendre une résolution difficile, demander du papier et écrire d'un seul trait de plume une lettre qu'il fit partir aussitôt.

Cette lettre, adressée à Napoléon, est devenue une pièce historique :

« Paris, le 24 janvier 1814.

« Sire,

« Aussi longtemps que le succès a couronné vos entreprises, je me suis abstenu d'offrir à Votre Majesté des services que je n'ai pas cru lui être agréables. Aujourd'hui que la mauvaise fortune met votre constance à une grande épreuve, je ne balance plus à vous faire l'offre des faibles moyens qui me restent. C'est peu de chose, sans doute, que l'effort d'un bras sexagénaire ; mais j'ai pensé que l'exemple d'un soldat dont les sentiments patriotiques sont connus, pourrait rallier à vos aigles beaucoup de gens incertains du parti qu'ils doivent prendre et qui peuvent se laisser persuader que ce serait servir leur pays que de les abandonner.

« Il est encore temps pour vous, Sire, de conquérir une paix glorieuse et de faire que l'amour du grand peuple vous soit rendu. »

Les termes de cette lettre étaient sévères, la dernière phrase surtout. Elle produisit sur Napoléon une impression tellement vive que le ministre de la guerre, Clarke, dit le lendemain à Carnot : « Tout autre que vous ne l'aurait pas écrite impunément. »

Cependant l'empereur avait dit à son ministre : « Dès que Carnot m'offre ses services, il sera fidèle au poste que je lui indiquerai. Je le nomme gouverneur d'Anvers ; c'est une des clefs de l'empire, notre arsenal et notre boulevard aux frontières du Nord. Expédiez-lui ses pouvoirs sur-le-champ. »

Il s'agissait donc d'une mission très-importante et qui supposait la confiance la plus entière, mais qui ne donnait lieu à aucune influence directe sur les opérations générales de la guerre.

Clarke obéit. Ce ne fut pas toutefois sans avoir cherché, mais en vain, à détourner Carnot d'accepter la tâche que lui assignait Napoléon. Il regardait la position d'Anvers comme à peu près désespérée, et conjurait son ancien protecteur de ne point compromettre sa réputation militaire dans une entreprise hasardeuse. De telles considérations n'étaient pas de nature à retenir mon père.

Quand on voulut rédiger les lettres patentes du nouveau gouverneur, les commis de la guerre se trouvèrent fort déroutés. A leur extrême surprise, l'homme qui avait organisé et dirigé les armées de la république, nommé les généraux en chef et Bonaparte lui-même, n'avait pas d'autre grade que celui de chef de bataillon du génie, auquel il était arrivé par son rang d'ancienneté après sa sortie du comité de salut public. Pendant tout le temps qu'il avait présidé à l'administration de la guerre, simple capitaine, il n'avait jamais songé à se signer un diplôme d'officier général, ne fût-ce que par respect pour la hiérarchie militaire. Son successeur au comité, le capitaine Aubry, fut moins oublieux.

Par bonheur, Carnot avait rempli les fonctions d'inspecteur général aux revues, qui donnaient le rang de général de division. On écrivit donc ce titre sur son brevet, en dépit de l'irrégularité.

Carnot partit pour sa destination sans avoir vu l'empereur.

Quelques amis, quelques étrangers aussi, venus pour complimenter mon père sur sa résolution patriotique, assistaient à son départ. L'un d'eux, attaché à la rédaction d'un journal peu favorable généralement aux opinions de Carnot, paraissait si ému qu'il baisait ses bottes; ce qui n'empêcha pas ce même personnage, quelques mois plus tard, de l'attaquer avec violence.

Ce qu'on aura peine à croire, c'est que des écrivains l'ont taxé d'ambition pour avoir offert ses services à Napoléon. Un biographe allemand s'écrie à cette occasion, en s'inspirant d'une pensée de Carnot lui-même : « L'ambition peut bien avoir excité Léonidas et ses trois cents compagnons à chercher la mort aux Thermopyles; mais c'est une autre ambition que celle de trois cents courtisans qui se disputent une clef de chambellan. »

On a dit aussi quelque part que Carnot avait sollicité le gouvernement d'Anvers. Le danger national lui paraissait si grand qu'il aurait voulu au contraire retirer les garnisons de toutes les places de guerre éloignées pour renforcer l'armée active. Mais son opinion ne fut pas consultée et il accepta avec résignation le poste qui lui était confié.

Le voyage, pour cause de sûreté, dut se faire rapidement et avec peu d'appareil. Carnot n'emmena qu'un petit nombre de personnes : un aide de camp, un secrétaire et deux domestiques.

Joseph Ransonnet, l'aide de camp, était le dernier survivant d'une famille de héros, qui tous avaient versé leur sang pour la France. Comptons-les : son père, général de brigade sous la république, mort de ses blessures et des fatigues de la guerre au pied des Alpes ; un frère, victime de l'expédition de Saint-Domingue; un autre tué à Friedland ; un troisième à Essling. Lui-même, presque enfant, avait été conduit par sa mère chez Carnot, alors président du Directoire, qui l'avait pris en affection. Élève de l'École de Mars, puis de l'École polytechnique, il entra dans la marine, fit avec le capitaine Baudin la célèbre expédition de découvertes aux terres australes dont Péron s'est rendu l'historien, signala son courage dans plusieurs rencontres et fut grièvement blessé en montant à l'abordage d'une frégate anglaise.

Vers la fin de 1813, Ransonnet commandait une corvette qui fut désarmée, ainsi que tous nos petits bâtiments, pour fournir aux armées de terre le secours de leurs équipages. C'est alors qu'étant venu voir Carnot, celui-ci lui proposa de le suivre à Anvers en qualité d'aide de camp. Ses fonctions de gouverneur l'eussent autorisé à en prendre deux autres, mais Ransonnet suffit seul, par son zèle, son activité, ses connaissances spéciales, à un service difficile et délicat, dans lequel il donna l'exemple d'un rare désintéressement. Il témoigna à mon père un attachement filial qui ne s'est jamais démenti.

Vingt-cinq ans plus tard, j'ai eu le bonheur de contribuer à obtenir pour ce vieil ami la seule récompense que son patriotisme eût ambitionnée : originaire de Liége, il ne jouissait pas de la qualité de citoyen dans la France qu'il avait si honorablement servie. Des lettres de grande naturalisation furent demandées pour lui en 1839. Je siégeais à la chambre des députés ; mes collègues voulurent bien me charger de faire le rapport en vertu duquel ces lettres lui furent accordées.

Voilà l'officier tel que le font connaître ses états de service. L'homme vaut mille fois mieux encore : c'est un de ces rares cœurs que la nature a formés pour le dévouement.

Un ancien secrétaire du maréchal Ney remplit auprès de Carnot le même emploi : il avait été choisi sur la recommandation du maréchal et sur sa belle écriture.

Un domestique, nouveau visage, avait également été engagé pour la circonstance.

Il n'en était pas de même de la quatrième personne emmenée par mon père.

Joséphine Briois était entrée au service de ma mère à l'époque de ma naissance et lui avait prodigué les soins les plus assidus pendant sa longue maladie ; elle m'avait élevé ainsi que mon frère. Son attachement sans bornes et sa fidélité à toute épreuve avaient fait d'elle un membre de la famille. Lorsque mon père partit pour aller s'enfermer dans une ville assiégée, cette digne femme trouva dans son dévouement le courage de l'accompagner : « Vous êtes accoutumé à mes services, lui dit-elle, ils ne doivent pas vous manquer dans les moments les plus difficiles. Permettez-moi de vous suivre partout. » Mon père y consentit.

Je ne sais pas si ces détails sembleront puérils ; pour moi ils sont une dette de reconnaissance.

La ville d'Anvers, outre ses richesses propres et son importance stratégique, présentait alors un grand appât à l'ennemi ; elle contenait un immense matériel militaire et maritime : huit cents bouches à feu dans son arsenal et sur ses remparts, vingt-trois bâtiments de guerre dans ses bassins et dix-sept sur ses chantiers. Deux armées la menaçaient : les Prussiens du général Bulow, les Anglais du général Graham. Bernadotte s'en approchait avec les Suédois.

Le gouvernement confié à Carnot s'étendait sur toute la défense de l'Escaut ; c'est-à-dire aux forts de Batz, Liefkenshoek et Lillo, à la surveillance de Bergopzoom, des îles de Cadsand, Walcheren, nord et sud-Beveland. Il devait se tenir en relations suivies avec le général Maison, commandant en chef du premier corps d'armée et chargé de couvrir la place d'Anvers.

. Parti de Paris le 30 janvier et voyageant avec célérité, Carnot se dirigea d'abord vers Bruxelles, où il espérait rencontrer le général en chef. Bruxelles était déjà occupé par l'ennemi. Maison, effectuant sa retraite sur la droite, avait aussi évacué Gand ; il n'y restait plus aucune autorité française civile ni militaire ; les Cosaques parcouraient la campagne du côté de Termonde. Cette route dangereuse était pourtant la seule accessible. Carnot se décida à la prendre, sans escorte, traversa de nuit la ville de Gand, pendant que le conseil municipal délibérait, dit-on, s'il le ferait arrêter, et parvint heureusement à Anvers le 2 février vers onze heures du matin par la tête de Flandres. Les glaçons que charriait l'Escaut rendirent son passage assez difficile.

Anvers voyait son dixième siége. Il en est un surtout qui a laissé de grands souvenirs, « un siége qui passera pour la merveille du siècle, » disent les *Mémoires* du temps. C'est celui que soutint Marnix de Sainte-Aldegonde, assisté de l'habile ingénieur italien Giambelli, contre les Espagnols commandés par le duc de Parme. On peut en apprendre les curieux détails stratégiques dans les *Annales* de Strada, on peut en voir revivre les patriotiques émotions dans le récit coloré d'Edgar Quinet.

Carnot remplaçait comme gouverneur le duc Charles de Plaisance, fils de l'ancien consul Lebrun. Il venait de recevoir le service de ses mains, lorsqu'on annonça que les troupes de la garnison envoyées aux villages de Merxem et de Deurne, après y avoir éprouvé des pertes considérables, s'étaient rejetées dans les ouvrages de la place. Cette journée avait mis hors de combat près de six cents hommes, tués, blessés ou prisonniers. Peu de temps auparavant, dans une semblable expédition, le brave général Avy, courant au danger avec une insouciance toute française, était tombé mortellement frappé par un biscaïen. Carnot, reconnaissant la nécessité de ménager les forces qui lui étaient confiées et de contenir dans de justes limites la valeur téméraire de nos jeunes officiers, donna l'ordre aussitôt de faire rentrer les hommes sous la protection des batteries. Il ne conserva que les postes extérieurs de Berchem et de Borgerhout.

Changement de gouverneur, changement de défense. C'était tout naturel : le duc de Plaisance, officier de cavalerie, brillant militaire, aimait et recherchait les faits d'armes en rase campagne. Carnot, ingénieur, comptait davantage sur son art et sur les moyens essentiels de la place. Il suspendit toute action meurtrière au dehors, concentra ses troupes et les laissa reposer de leurs fatigues. L'occasion se présentait pour lui de mettre en œuvre ses théories, de montrer le parti que l'on peut tirer des fortifications et la possibilité de concilier les intérêts d'une défense énergique avec les dictées de l'humanité ; l'occasion se présentait aussi de faire voir que le système de guerre en masses mobiles, dirigé par le comité de salut public sur toutes nos frontières à la fois avec l'ensemble des armées françaises, avec un million de soldats, était également applicable dans un cercle limité, et avec une garnison de moins de quinze mille hommes (onze mille cinq cents combattants) [1].

Tout en différant essentiellement de point de vue et de conduite, Carnot appréciait le mérite militaire de son prédécesseur.

Je cède pour un moment la parole à M. Ransonnet, qui a bien voulu rédiger à mon intention quelques notes sur les événements du siége.

« Les habitants d'Anvers furent parfaitement rassurés par l'arrivée du général Carnot dans leurs murs. Rien ne saurait exprimer l'heureux effet de sa présence. Partout on se disait : *Nous sommes sauvés!* Cette confiance était naturellement inspirée par la haute réputation militaire de Carnot, et aussi par ce qu'on savait de son caractère. Mais il serait injuste de méconnaître ce que le duc de Plaisance avait fait pour la ville. Cet officier général, doué des plus nobles qualités, aurait brillé dans une position moins difficile et hors de parallèle avec un homme aussi supérieur que Carnot. Celui-ci le sentait et n'en parlait qu'avec bienveillance et courtoisie. »

L'occupation du territoire par l'ennemi ne permit pas au duc de Plaisance de quitter la ville et d'aller reprendre auprès de l'empereur ses fonctions d'aide de camp, auxquelles il était rappelé. Il demeura donc dans Anvers, comme membre du conseil de défense constitué par Carnot le soir même de son arrivée. Ce conseil se composait, outre le nou-

---

[1] Le système exposé par Carnot, dans son traité de la défense des places, est précisément celui qu'il avait mis en pratique pendant les guerres de la Révolution :

« Il est une distinction très-importante à faire entre les sorties proprement dites, qui se font méthodiquement par les barrières du glacis, et les sorties irrégulières, qui se font partout, à chaque instant, presque sans préparation, suivant les circonstances ; bien que les unes et les autres soient très-efficaces, ce sont ces dernières qui doivent faire la base du système général de la défense. Faute de cette distinction essentielle, on pourrait prendre la défense à contre-sens et se trouver entraîné dans de graves erreurs.

« En effet, quel est l'objet de ces petites sorties ou coups de main multipliés que je propose ? c'est d'*opposer toujours le fort au faible,* en surprenant l'ennemi, tantôt sur un point, tantôt sur un autre, avec une force toujours supérieure à celle qu'il maintient sur le point attaqué. Dans les sorties proprement dites, au contraire, qui partent de points déterminés et observés par l'ennemi, c'est constamment le faible qui va attaquer le fort, parce que l'assiégeant entretient une force majeure et dirige son feu vers un petit nombre de débouchés connus.

« Il ne faut donc pas confondre ces sorties meurtrières et presque inexécutables avec les combats partiels et imprévus que nous recommandons et que nous prétendons être la base de toute bonne défense. » (*De la Défense des places fortes,* édition in-4º, 2e partie, chap. IV, p. 313, 314.)

veau et l'ancien gouverneurs, de l'amiral Missiessy, commandant la flotte, du préfet maritime Kersaint, frère du conventionnel de ce nom, de M. Savoye-Rollin, préfet du département, des généraux de division Roguet, commandant la garde impériale, Ambert, commandant l'infanterie de ligne, Fauconnet, commandant de la place, et de plusieurs officiers supérieurs de terre et de mer. Carnot tenait beaucoup à cette forme parlementaire, persuadé qu'un gouverneur habile, en profitant de la diversité des avis, doit toujours savoir les ramener à l'unité.

Le 3 février, vers deux heures de l'après-midi, le nouveau gouverneur d'Anvers, après avoir reçu les autorités civiles et militaires, monta à cheval et fit le tour des fortifications [1]. Son regard d'ingénieur devina, par la position des Anglais, que ceux-ci se disposaient à bombarder l'escadre renfermée dans le bassin à flot, et il résolut de ne pas leur laisser le temps d'achever leurs préparatifs. Il ordonna de tirer sur une maison qui lui paraissait suspecte. Cette maison masquait en effet des batteries en train de s'élever. Dès que l'ennemi se vit découvert, il fit pleuvoir sur le bassin une grêle de projectiles incendiaires : bombes, obus, boulets rouges et fusées ; mais avec peu de résultat. Le feu fut éteint partout aussitôt qu'allumé, et les vaisseaux n'éprouvèrent que des avaries insignifiantes.

La nuit fut employée par les assiégeants à établir de nouvelles batteries ; ils s'étaient logés derrière la digue Ferdinand, dont l'élévation les couvrait contre les feux directs de la place.

Mais le gouverneur et l'amiral n'avaient pas non plus perdu leur temps ; ils avaient complété les mesures de précaution usitées en pareille circonstance : des blindages avaient mis les ponts des vaisseaux à l'abri de l'incendie, et la terre dont on avait rempli leurs cales amortissait l'effet des bombes. Quelques projectiles anglais allèrent frapper le *César*, le *Charlemagne*, le *Conquérant*, d'autres bâtiments dont les noms ne prêtaient pas à l'allusion comme ceux-ci ; une bombe éclata même dans la soute aux poudres du *Commerce de Lyon* ; tout cela sans grand effet : les voiles, le gréement, les toiles de bastingage, tous les objets susceptibles de propager l'incendie avaient été mis à l'abri, et des dispositions prises pour entretenir de l'eau et faciliter le jeu des pompes.

D'ailleurs les canons de la place se trouvèrent, dès le matin du 4, en état de répondre vigoureusement à ceux de l'ennemi, qui vit démonter un assez grand nombre de ses pièces. Comme on ne pouvait pas l'at-

---

[1] « La première chose qu'ait à faire un commandant ou un officier du génie qui arrive dans une place, est de l'étudier à fond pour en connaître les rapports, l'ensemble et les détails. » (*De la Défense des places*, p. 212.)

teindre de plein fouet, on se servit avec succès des feux verticaux et du tir à ricochet, ces moyens si recommandés par Carnot dans son traité de la défense des places. « Carnot, animant tout de sa présence, écrit M. Ransonnet, faisait diriger le feu avec une telle vivacité et une telle justesse, que l'on voyait à chaque instant les assiégeants occupés à réparer leurs dommages. »

La redoute Ferdinand, qui agissait de flanc et d'enfilade sur l'ennemi, l'incommoda surtout et l'obligea, pendant l'action, d'élever en grande hâte, et avec beaucoup de pertes, des traverses et des épaulements en terre pour se couvrir.

La première journée avait coûté douze soldats aux assiégés ; ils n'en perdirent que quatre le lendemain. Les pertes de l'ennemi furent évaluées à quatre cents hommes, sans compter les blessés. La garnison d'Anvers, au reste, n'eut que vingt-sept soldats tués par le feu de l'ennemi pendant toute la durée du siége et du blocus qui lui succéda.

Le bombardement dura trois jours, pendant lesquels quarante bouches à feu envoyèrent quinze cents bombes et huit cents boulets rouges ; mais ce jeu parut sans doute aux assiégeants trop dispendieux pour être prolongé.

Le 6 février, au matin, lorsqu'on pouvait croire à des efforts redoublés de la part de l'ennemi, ses batteries gardèrent le silence. Dans la nuit suivante, il évacua ses positions, abandonna les ouvrages considérables qu'il avait élevés pour fortifier le village de Merxem, et se retira, les Anglais dans la direction de Rosendael, les Prussiens dans celle de Lierre, laissant vingt mille sacs à terre, tous leurs outils, quelques mortiers et quelques affûts enfouis dans le sable. Le siége actif fut de ce moment transformé en un blocus.

Carnot n'eut plus qu'à féliciter de leurs services ses frères d'armes et ses collaborateurs : « Les troupes de terre et celles de la marine ont rivalisé de zèle, leur dit-il ; les nouveaux soldats se sont montrés dignes des anciens. »

Presque toute la garnison cependant consistait en dépôts de plusieurs régiments, personnel peu fait à la discipline et aux fatigues; mais un courant électrique les avait animés. Les ouvriers militaires de la marine et les ingénieurs des ponts et chaussées adjoints aux officiers du génie méritèrent les mêmes éloges.

Les retranchements des Anglais furent démolis, les villages de Merxem et de Dam remis en état de défense ; un ouvrage de fortification, qui a conservé le nom de *fort Carnot*, fut immédiatement commencé hors de la porte Rouge pour battre la digue Ferdinand et empêcher l'ennemi de s'y établir : l'expérience venait d'en démontrer la nécessité. Les autres défenses de la ville furent activement réparées.

Le gouverneur trouva dans ces constructions une occasion d'occuper les ouvriers privés de ressources par la guerre. Il les invita à travailler aux retranchements, en leur offrant les tarifs ordinaires. Le nombre de ceux qui répondirent à l'appel fut considérable. Carnot se vit admirablement secondé par les colonels d'artillerie et du génie Bergier, Hulot et Sabatier.

Pendant la dernière journée du bombardement, les Anglais, déçus dans leur tentative d'incendier la flotte, dirigèrent le feu contre la ville, comptant peut-être que la terreur et le mécontentement de voir leurs demeures exposées à la destruction provoqueraient une révolte parmi les habitants. Le calcul n'était pas mal fondé : les auteurs flamands de la grande histoire d'Anvers n'y dissimulent pas que dans ces jours de crise leurs compatriotes se soient montrés « plus inquiets de la conservation de leurs propriétés que de l'honneur des armes françaises[1]. » Toutefois cet espoir de l'ennemi fut également trompé : de nombreuses précautions avaient été prises, des instructions détaillées sur les secours à porter en cas d'incendie avaient été publiées et affichées. Partout où la flamme se déclara, on s'en rendit maître promptement. Quelques maisons seulement éprouvèrent des dommages, et sept à huit citoyens furent tués ou blessés par des éclats de bombe, presque tous victimes de leur curiosité ou de leur imprudence ; car les bourgeois comme les soldats s'étaient déjà familiarisés avec la chute de ces projectiles, et l'on en voyait un certain nombre circuler dans les rues, quoique les instructions à l'usage de ceux qui voulaient se tenir à couvert fussent descendues jusqu'aux moyens de désinfecter l'air dans les plus petits réduits. Du reste, nulle confusion, quelques attroupements dissipés sans effort. Les Anversois, à la voix de Carnot, s'étaient organisés en garde urbaine et en corps de pompiers.

« Habitants d'Anvers, leur disait le gouverneur, une des folles espérances de l'ennemi est d'entretenir parmi vous des idées fausses et des incertitudes sur votre situation. Je juge de ses mauvais conseils par la négligence que vous avez mise à vous approvisionner. D'après les règles ordinaires de la guerre, cette imprévoyance devrait retomber sur vous. Il serait de mon devoir d'expulser sur-le-champ la partie de la population qui n'a pas pourvu à son approvisionnement. J'aime mieux obéir aux sentiments de mon cœur et écouter les vives sollicitudes de M. le préfet du département. Il s'est flatté, non sans raison, que les personnes riches et aisées de la ville s'empresseraient de venir, par une abondante souscription, au secours de la classe indigente. Cette honorable entreprise est assez avancée pour qu'on puisse s'en promettre le succès. Nous espérons pouvoir procurer ainsi des subsistances, pendant la durée du siége, à quinze mille pauvres. Les indi-

---

[1] *Geschiendeis van Antwerpen*. Histoire d'Anvers, par MM. Mertens et Torfs, publiée sous les auspices de la société littéraire l'*Olyftak* (le rameau d'olivier), 8 vol. in-8°, avec cartes et plans.

vidus étrangers à la ville ou qui n'y ont pas le droit de cité seront seuls obligés d'en sortir. Si donc, par humanité, les autorités militaires et civiles prennent sur elles de supporter l'inconvénient d'une surabondance de bouches inutiles, elles en seront sans doute récompensées par la confiance, le patriotisme et la bonne conduite de la population. »

Ces appels à la charité et au bon ordre ne furent point assez entendus ; Carnot fut obligé de se rappeler et de rappeler aux habitants d'Anvers les préceptes qu'il traçait quelques années auparavant :

« Il entre dans les devoirs d'un gouverneur d'obliger les habitants d'une ville menacée à se pourvoir de subsistances pour aussi longtemps au moins que la garnison espère pouvoir se défendre, et il doit faire rentrer sans délai dans les villes de l'intérieur tous ceux qui ne veulent ou ne peuvent pas se soumettre à ce règlement. Une pareille mesure est rigoureuse, il faut en convenir, mais elle l'est beaucoup moins que celle de laisser mourir de faim toute une population, et de tout temps on a regardé comme indispensable de faire sortir les bouches inutiles d'une place près d'être assiégée, comme fit à Mézières le chevalier Bayard. « *Aux moindres approches d'un siège*, dit M. de Turenne, *un gouverneur doit faire de gros amas de vivres et ordonner que chaque particulier en ait provision ; visiter les maisons religieuses et celles des particuliers, pour savoir ce qu'il y en a ; faire sortir les bouches inutiles et les empêcher de rentrer.* » Ceux qui viennent s'établir dans les villes de guerre savent cela, comme ceux qui bâtissent dans les faubourgs sous la portée du canon savent que la loi est de faire raser leurs maisons dès qu'on a lieu de craindre l'investissement. L'essence de la guerre est malheureusement de sacrifier une partie pour sauver la généralité ; elle ne laisse pas le choix entre le bien et le mal, mais seulement entre un mal et un autre plus grand..........

« Sans doute, le gouvernement doit une protection spéciale à ceux qui, étant sur la première ligne, servent de bouclier aux contrées de l'intérieur ; à ceux dont la vie est sans cesse compromise, le repos troublé, et les propriétés livrées au pillage, pour maintenir la sécurité du reste de l'empire. Le gouvernement doit des indemnités à ceux dont les maisons sont brûlées par l'effet du bombardement, à ceux dont la récolte est perdue par les inondations qu'il a fallu tendre pour la défense de la place ; il doit assurer autant qu'il le peut la subsistance des citoyens par des greniers d'abondance, et leur vie par des asiles à l'abri des incendies et de la bombe. Mais la cause du gouvernement doit aussi, dans le péril commun, devenir celle de chaque particulier. Ce principe est si naturellement gravé dans les cœurs que, dans tous les siéges remarquables, on ne manque jamais de voir la majorité des citoyens montrer un dévouement sans bornes, partager spontanément les travaux et les dangers de la garnison, mettre leur gloire à bien défendre leur ville et les foyers de leurs familles ; et l'expérience a toujours démontré que, dans ces circonstances décisives, on ne calcule rien, que l'intérêt particulier se tait, et que chaque individu s'immole au salut de la patrie[1]. »

Telles sont les dures obligations qu'impose la guerre ; le gouverneur d'Anvers sut les remplir sans blesser les droits de l'humanité.

---

[1] *De la Défense des places fortes*, 2ᵉ partie, chap. ii, p. 267, 268.

Lui-même, d'ailleurs, donnait des exemples propres à moraliser ses subordonnés et ses administrés. On l'avait installé dans le somptueux hôtel du maire d'Anvers, M. de Cornelissen. Dès son entrée il dit : « Voilà trop de luxe ! » Puis, quelques jours après (le 10 février), fidèle à ses habitudes de simplicité personnelle, à leur place surtout dans une ville assiégée, il écrivit :

« Je suis très-étonné que la personne chargée de faire l'état des meubles et effets pour ma maison ne se soit pas bornée au strict nécessaire.

« Je désire aussi que les demandes de cette nature qui seront faites pour mon compte n'aient pas le caractère d'une réquisition forcée.

« Tous les effets détaillés sur la note ci-jointe sont inutiles. »

Il y eut toutefois un moment pénible à passer, une mesure sévère à prendre.

Les fonds manquaient pour tous les services publics. La détresse était à ce point que des officiers vendaient leurs meubles ou leurs effets de quelque valeur pour se couvrir et se chausser. Les matelots n'avaient pas de quoi payer leur tabac ; des soldats mendiaient dans les rues ; plus de trois mois de solde étaient arriérés. Le gouverneur pressa la rentrée des contributions, en accordant des délais aux cotes inférieures à trente francs. Mais les besoins devenaient si pressants qu'il fallut aviser à d'autres moyens. On rassembla le conseil de défense ; un emprunt d'un million fut demandé aux banquiers et aux capitalistes. On leur offrait comme hypothèque le produit des contributions en recouvrement, et même les matériaux de la marine. Ils refusèrent. Quelques-uns d'entre eux furent conduits à la citadelle, où d'ailleurs les égards ne leur manquèrent pas. Après une retraite forcée, qui triompha de leur mauvais vouloir, le gouverneur les fit rendre à la liberté.

Cette résistance intérieure coïncidait malheureusement avec des provocations à la révolte et des tentatives de séduction sur le personnel de la garnison. Des placards, dont le ton et le contenu trahissaient l'origine, étaient affichés dans les campagnes, et même la nuit au milieu de la ville. Nous en avons sous les yeux quelques-uns, où, dans un mauvais jargon français, on dit aux bourgeois que l'artillerie anglaise a ménagé leurs églises et leurs habitations pour ne foudroyer que les vaisseaux de Napoléon ; on les y menace de réduire la ville en cendres par des bombes incendiaires et des fusées à la congrève ; on y rappelle avec affectation le massacre des Français par les Anversois sous le duc d'Anjou. D'autres proclamations montraient aux soldats fidèles la Sibérie en perspective, aux traîtres des récompenses et le renvoi dans leurs foyers. Marins et soldats demeurèrent inébranlables dans l'observation de leurs devoirs.

Carnot lui-même ne fut pas à l'abri de certaines ouvertures insidieuses. Le général de Bulow, commandant des forces prussiennes, espéra le toucher en lui laissant entrevoir un grand rôle à jouer, un grand service à rendre à son pays :

« Monsieur le général,

« J'avais appris, par des lettres interceptées de Paris, que Votre Excellence devait venir remplacer le duc de Plaisance, et j'en félicitais d'avance la ville d'Anvers. La confiance nationale vient donc réparer le tort qu'un monarque ambitieux avait commis : elle ramène à une place importante l'homme qui ne devait jamais en occuper une autre. Votre Excellence connaît l'état de sa patrie aussi bien et mieux peut-être que moi ; elle vient de l'intérieur, et son œil exercé aura observé les maux qui menacent la France. Les grandes armées sont à quinze lieues de Paris, le général Wellington avance de Bayonne, les généraux Blucher et Winzingerode ont dépassé Châlons et Reims ; Bois-le-Duc est rendu, Gorcum vient de capituler, de nombreux renforts de troupes allemandes et hollandaises m'arrivent tous les jours, le prince royal de Suède avec l'armée du Nord arrive au Rhin, et partout, au cœur de la France même, l'esprit du peuple nous prouve que nous sommes les bienvenus. Il n'est plus douteux que l'empire tyrannique d'un souverain qui a fait le malheur de la France et de l'Europe tire vers sa fin. Ce ne sont point les Français que nous combattons, Votre Excellence le sait, elle s'en sera persuadée par l'esprit de modération qui distingue les proclamations des souverains alliés. Elle s'en sera convaincue par l'équité qui a dicté les mesures de tous les généraux pour ménager un peuple malheureux dans ce moment. Aujourd'hui il ne s'agit point de partager la France et d'en forcer les habitants à accepter, contre leur gré, un nouveau souverain. Il s'agit de finir les maux de vingt années de guerre et de malheurs ; il s'agit de les finir aussitôt que possible. Voilà, mon général, le point de vue d'où il faut partir pour nous juger, et le seul, peut-être le plus beau qui ait jamais existé. Les peuples de l'Europe doivent tous être rendus à la paix, au repos, au bonheur.

« Votre Excellence, dont les talents comme militaire et comme homme de cabinet sont également connus, dont le caractère juste et loyal ne s'est jamais démenti, Votre Excellence se trouve aujourd'hui dans une situation à pouvoir effectuer un bien infini si elle le veut. Qu'elle se mette à la tête d'un peuple qui brise ses fers ; qu'elle organise ses moyens ; qu'elle prépare le bien futur de la France ; qu'elle fasse un effort courageux et qu'elle s'immortalise en formant un parti décidé à délivrer sa patrie. Je me ferai un devoir de la soutenir de toutes les manières. Je jouirai d'une satisfaction particulière à pouvoir contribuer au bien de la France par les Français mêmes.

« Quelle que puisse être la résolution de Votre Excellence, elle ne changera rien aux sentiments de la profonde estime et de la plus haute considération avec laquelle, etc.

« Le comte DE BULOW.

« Au quartier général de Bruxelles, le 11 février 1814. »

Cette lettre ne parvint à Carnot que le 18. Voici sa réponse :

« Monsieur le général,

« J'ai trop à cœur de conserver l'estime dont vous me donnez le témoignage dans votre lettre, pour ne pas défendre, par tous les moyens qui sont en mon pouvoir, le poste honorable que m'a confié l'empereur des Français.

« Plus nous avons essuyé de malheurs, plus nos efforts sont nécessaires pour les réparer. J'ai le bonheur de commander dans une place aussi bien armée contre la séduction que contre la force ouverte ; et la loyauté de ma nombreuse garnison est égale à son courage.

« Nos vœux sont pour une paix honorable, que nous savons ne pouvoir obtenir que par des victoires ; et celles que nous venons de célébrer nous donnent l'espoir qu'elles ne se feront pas attendre.

« Croyez, monsieur le général, que les défenseurs d'Anvers ne gâteront pas l'ouvrage si heureusement commencé par leur souverain, et veuillez agréer, etc.

« CARNOT. »

Les victoires dont il s'agit dans cette lettre étaient celles de Sézanne et de Champaubert, un peu grossies peut-être par les bulletins arrivés de Lille. Elles furent célébrées dans Anvers par un *Te Deum* et un banquet ; le soir, le gouverneur se rendit au théâtre, où il fut accueilli par des acclamations enthousiastes, et la ville fut illuminée.

Le matin, un parlementaire avait été envoyé aux généraux assiégeants ; c'était le chef d'escadron Briqueville, commandant les lanciers de la garde, qui, obéissant à un entrain de jeune homme, leur dit de ne pas s'inquiéter s'ils entendaient une canonnade, ces salves d'artillerie n'étant à autre fin que de fêter le triomphe de l'empereur sur les armées alliées.

Si les ennemis avaient cru devoir cesser un bombardement inutile et ruineux, ils n'avaient pas abandonné leur entreprise sur Anvers. Ils resserraient au contraire la place de plus en plus ; et, le 15 février, le jour même où l'on venait de recevoir les nouvelles favorables de la grande armée, les Anglais s'avancèrent rapidement jusqu'auprès de Berchem. Le général Fauconnet, commandant de la place, en donna avis au gouverneur, qui se mit aussitôt à la tête d'un détachement de la jeune garde et se porta au delà du village. Mais l'ennemi se retira à l'approche de nos soldats, après avoir échangé quelques coups de fusil avec eux.

Des reconnaissances furent poussées avec succès de divers côtés. Le 27 février, le général Roguet, à la tête des lanciers et de plusieurs bataillons de la garde, eut une brillante rencontre avec l'ennemi. Dans une sortie sur Merxem et Mortzelle, il s'empara de la caisse des officiers saxons et ramena dix-huit prisonniers. C'était la revanche d'un petit échec éprouvé le 9 au fort Liefkenshoek, à quelques lieues d'Anvers. Une sortie trop peu nombreuse ayant été essayée par la garnison de ce fort, les Anglais avaient enveloppé un groupe de soldats et l'officier qui les commandait.

Une autre expédition partit le 7 mars, sous les ordres du général Aymard, composée de dix-huit cents soldats de la jeune garde avec deux pièces de campagne. Elle franchit l'Escaut, s'établit au village de Beveren, poussa jusqu'à Hulst et chassa l'ennemi du riche territoire que limitent l'Escaut, la petite rivière de Durme et les Polders. Elle rapporta dans Anvers des approvisionnements de tout genre, l'argent des contributions dont elle avait opéré la rentrée, et des nouvelles de la France. Cette expédition dura six jours.

La veille de son départ, dans la nuit même du 6 au 7, cinq embarcations anglaises, remontant l'Escaut vers la fin du flux, rangeant de près le fort Liefkenshoek, afin d'être cachées par la terre, avaient abordé une de nos chaloupes canonnières commandée par l'aspirant de marine Leprêtre. Celui-ci les héla de bord, et l'ennemi répondit en français. — Le nom de votre bâtiment? demanda encore Leprêtre. — Point de réponse. Leur ruse étant déjouée, les Anglais tentèrent de la force. Mais nos braves marins usèrent si bien de la pique et du pistolet, que leurs adversaires, engagés dans les filets d'abordage, périrent presque tous. Ce fait d'armes est à peine relaté dans le *Journal du siége*. J'en emprunte le détail à des recueils d'histoire militaire [1].

Dans son traité *de la Défense des places*, Carnot recommande aux gouverneurs de fortifier autour d'eux le sentiment moral ; il n'avait garde de négliger lui-même ce ressort, le plus puissant, à son gré. Le calme et la confiance régnèrent dans Anvers, mais une action incessante ne permit pas qu'on y éprouvât un moment cette dangereuse nonchalance où les esprits se laissent aller si aisément ; nulle attaque de l'ennemi qui ne fût presque aussitôt suivie d'une réponse offensive de la garnison : animer sans alarmer, c'était la devise du gouverneur. Il s'était vivement attaché à Anvers, mettant en pratique les conseils du brave chevalier de Ville, vieil ingénieur français qu'il citait souvent : « Il faut qu'un gouverneur aime sa place comme la chose qui luy est plus chère au monde et d'où dépend son honneur et sa vie. Il doit avoir autant de soin de sa conservation comme de soi-même, et doit toujours penser comme il pourrait la rendre meilleure, mieux gardée et mieux musnie. »

Si les fatigues de la vie publique avaient altéré la santé de mon père, l'âge ne lui avait apporté aucune infirmité : il pouvait chaque jour monter à cheval, passer des revues, visiter les fortifications, l'arsenal, les chantiers de la marine, les magasins, les hôpitaux ; ces derniers établissements surtout le voyaient souvent. Son activité et sa prévoyance

---

[1] *Trophées des armées françaises*, t. VI ; *Journal de l'armée*, t. II, liv. I. Janvier 1834.

se manifestaient par un industrieux emploi des ressources, par une attention excessive aux plus petits détails[1].

L'artillerie manquait de bras dans les forts : les soldats de ligne et deux cents ouvriers militaires de la marine furent exercés aux manœuvres de cette arme ;

Les autres ouvriers militaires furent dressés aux manœuvres de l'infanterie.

La garnison du fort Lillo, situé sur la rive droite de l'Escaut, et très-important pour sa défense, se trouvant affaiblie par un grand nombre de malades, cent ouvriers y furent envoyés.

Les fossés de la place étant gelés de manière à rendre un coup de main possible, on doubla les postes de surveillance et l'on eut soin de briser la glace tous les jours.

Les Anglais avaient menacé la ville de fusées à la congrève : des affiches donnèrent aux habitants les instructions nécessaires pour se préserver de leurs effets. Le gouverneur ordonna de confectionner de pareilles fusées et en fit faire l'épreuve devant lui. Le colonel du génie Sabatier reçut en même temps l'ordre de construire dans les forts et dans la place des fourneaux à rougir les boulets.

Les habitants de la campagne flamande, peu favorables à la cause française et la croyant déjà perdue, servaient ses ennemis comme espions, distributeurs de proclamations, agents provocateurs de désertion ; ils arrêtaient même les convois destinés à l'approvisionnement de la ville : un ordre du jour très-menaçant suffit pour les rendre plus réservés.

Les fourrages devenaient rares : le gouverneur décida que les officiers ne recevraient en nature que les rations nécessaires pour leurs chevaux présents, et qu'on leur tiendrait compte du surplus en numéraire.

Invitation fut adressée aux particuliers d'envoyer du linge à pansement et de la charpie pour les blessés. M. Fleury, médecin en chef de la marine, que le gouverneur avait mis à la tête des hôpitaux, dirigeait ce service avec un zèle extrême. Quatre-vingts forçats, extraits du bagne pour être transformés en infirmiers, s'acquittèrent très-bien de leur emploi.

Quant aux subsistances, un procédé fort simple les fit abonder sur le marché : on ouvrit les portes de la ville aux habitants de la campagne qui en amenaient, et on paya comptant tous les achats. Les spéculateurs, attirés par l'appât du gain, s'ingénièrent à trouver des expédients

---

[1] « Les plus petits détails, dans le courant du service, sont indispensables. On ne saurait trop exhorter les élèves du génie à n'en négliger aucun ; les plus célèbres officiers de ce corps en ont de tout temps senti l'importance et n'ont pas dédaigné de s'en occuper essentiellement. » (*De la Défense des places fortes*, 2e partie, chap. III.)

pour franchir les lignes d'investissement, et les producteurs comprirent
bien vite qu'il y avait plus d'avantages pour eux à présenter leurs den-
rées au marché qu'à se les laisser enlever par l'ennemi. A ces stimu-
lants de l'intérêt personnel venaient se joindre des sorties accompagnées
de réquisitions en bestiaux, fourrages et céréales, que les communes
délivraient sur les bons du gouverneur. Aussi lisons-nous, au *Journal
du siége,* presque à la date de chaque jour : « Plusieurs convois de
vivres entrent dans la place. » La ville d'Anvers n'éprouva pas un moment de pénurie, pas même un renchérissement ; ce qui n'empêcha
point Carnot de faire faire, par précaution, des expériences en grand sur
les moyens de rendre potables les eaux salées et d'opérer la dessiccation
des substances alimentaires.

Le 26 mars, Carnot écrivait au ministre de la guerre :

« Notre situation actuelle est très-bonne. Je fais faire des sorties fré-
quentes pour tenir l'ennemi en échec et me procurer des vivres. J'en ai
pour plus de trois mois. La place est dans le meilleur état de défense ; l'artillerie des remparts est formidable. La terre et la marine s'accordent parfaitement. On me seconde bien. Bulow m'a fait une espèce de sommation
à laquelle j'ai répondu comme je devais le faire. »

« La ville d'Anvers est la plus heureuse de toute la Belgique, peut-être
de toute la France. Les habitants me témoignent une grande confiance,
quoique je leur fasse donner beaucoup d'argent et d'objets de tout genre
nécessaires à la garnison. J'ai fait battre une monnaie obsidionale de
cuivre qui a cours sans difficulté. J'ai fait raser les faubourgs jusqu'à trois
cents toises, sauf les points qui m'ont paru plutôt utiles que nuisibles à la
défense, et les habitants de ces faubourgs m'ont presque remercié de ne
leur avoir fait que le mal inévitable. »

Nous devons parler de deux mesures mentionnées dans cette lettre :
la conservation des faubourgs d'Anvers et la création d'une monnaie de
siége.

La paroisse de Saint-Willebrord et l'important faubourg de Borgerhout, presque une ville à lui seul, se trouvaient dans le rayon que les
règlements militaires permettent et prescrivent même de déblayer de
toute construction. Le conseil de défense jugea qu'ils devaient être démolis, afin d'ôter à l'ennemi la possibilité d'arriver à couvert jusqu'au
pied des remparts. Deja des matières incendiaires avaient été introduites
dans plusieurs édifices, et un grand nombre d'habitants s'étaient réfu-
giés en ville avec leurs meubles les plus précieux. Carnot, ému de leurs
plaintes, voulut visiter les lieux par lui-même. Il fut aussitôt entouré
par une population éplorée, ayant à sa tête le maire et le curé de Saint-
Willebrord, inquiet pour le sort de son église.

— Tranquillisez-vous, monsieur le curé, lui dit Carnot, j'aime le
bon Dieu autant que vous, et je ne ferai pas démolir sa maison.

Le souvenir de cette rencontre et de ces paroles, transmis de bouche en bouche, est passé à l'état légendaire dans le pays.

Il avait suffi à Carnot d'un coup d'œil rapide pour se convaincre, non-seulement qu'il était possible de défendre le faubourg, mais de s'en servir comme d'une caponnière avancée. Cette opinion, exposée devant le conseil, trouva dans les habitudes militaires, une vive opposition ; mais le gouverneur lui imposa silence en s'écriant : « Je prends tout sur moi ! »

C'était encore l'application d'une de ses idées sur l'art défensif. Voilà ce que nous lisons dans une de ses lettres adressées de l'armée du Nord au comité de salut public avant qu'il en fit partie lui-même :

« Les ignorants sont grands destructeurs de faubourgs, grands noyeurs de campagnes, tandis que les gens instruits sont grands conservateurs ; au lieu de détruire les faubourgs, ils en font des postes avantageux à la défense même de la ville. »

Et dans son traité *de la Défense des places* :

« Je terminerai par émettre une opinion qui paraîtra sans doute étrange, puisqu'elle est diamétralement opposée aux premiers principes reçus dans la défense des places : cette opinion est qu'on ne doit pas démolir les faubourgs des villes menacées d'un siége. Je regarde au contraire les faubourgs comme des postes avancés qu'on peut défendre très longtemps, et dont la prise, quand elle a lieu, ne mène pas l'ennemi à quelque chose de bien important... Pourquoi brûler un faubourg qui souvent vaut mieux que bien des villes, et ruiner une multitude de familles ?... Il n'y a qu'à l'envelopper d'un rempart en terre, fait comme les lignes de circonvallation du plus fort profil, et même encore plus considérable. Les habitants du faubourg, intéressés à la conservation de leurs maisons, auront bientôt construit eux-mêmes ce retranchement, et on peut croire qu'il sera bien fait. »

La plume de Carnot racontait ici d'avance l'épisode du siége d'Anvers dont nous venons de parler.

Les habitants de Borgerhout et de Saint-Willebrord purent conserver leurs demeures, mais à deux conditions : celle de travailler aux retranchements nécessaires pour leur défense, celle de former un bataillon pour la garde de la commune. « Il ne s'agit que de l'ordre et de la sûreté, leur dit le gouverneur ; quant aux rencontres avec l'ennemi, nous autres soldats nous nous en chargeons. On ne vous attaquera pas sans que j'accoure le premier à votre aide. »

Les intentions de Carnot furent secondées avec empressement. Les habitants du faubourg établirent un impôt particulier sur leurs maisons pour subvenir aux frais des travaux ; ils contribuèrent eux-mêmes activement à les exécuter ; ils organisèrent leur garde urbaine, dont le règlement disciplinaire condamnait à des amendes les citoyens qui refusaient le service ou le faisaient mal, qui s'enivraient, manquaient au bon ordre, à la décence ou aux égards envers leurs camarades. Le produit de ces amendes, portées au double pour les sous-officiers, au triple pour les officiers, devait être employé au soulagement des indigents.

Le défaut de numéraire se faisait sentir et gênait considérablement les échanges. Carnot prit une mesure dont l'histoire des siéges raconte quelques exemples. Il fit frapper une monnaie spéciale et temporaire. Voici les arrêtés rendus à cette occasion, en date des 10 et 16 mars 1814 :

« Vu la difficulté qu'éprouve le commerce de détail dans la place d'Anvers, par le défaut d'une suffisante quantité de monnaie circulante, et la nécessité de pourvoir au service journalier de la garnison ;

« Le général de division, gouverneur, arrête qu'il sera fabriqué, sans délai, une monnaie obsidionale, qui aura cours à Anvers jusqu'à ce que l'état de siége soit levé.

« Cette monnaie sera composée de pièces de cuivre, valant intrinsèquement à peu près cinq centimes, lesquelles seront données et reçues en paiement par les caisses publiques et dans les transactions particulières, pour la même valeur de cinq centimes.

« Cette monnaie portera pour timbres, d'un côté, en exergue, ces mots : *monnaie obsidionale*, et au milieu, 5 *centimes*; de l'autre côté, en exergue : *Anvers*, 1814, et au milieu la lettre majuscule N entourée d'une couronne de laurier.

. . . .

« Pour accélérer autant que possible la fabrication et l'émission de la monnaie obsidionale créée par l'ordre du jour du 10 courant, le général de division gouverneur arrête : qu'en outre des pièces de cinq centimes, il en sera fabriqué de dix centimes, absolument au même type ; quarante de ces pièces pèseront le kilogramme, et, par conséquent, quatre-vingts de celles de cinq centimes pèseront également le kilogramme. »

M. Wolschot, fondeur de la marine, fut d'abord exclusivement chargé de la fabrication de cette monnaie. Mais quelque temps après, « considérant que ses établissements ne pouvaient suffire à toute la main-d'œuvre, et qu'il était convenable de faire servir le bénéfice à donner des à-compte sur leur salaire aux ouvriers de l'arsenal, au lieu de laisser ce bénéfice à de nouveaux entrepreneurs (ce qui d'ailleurs soulageait la dette de l'Etat), le gouverneur arrêta ce qui suit :

« M. le préfet maritime fera fabriquer de la monnaie obsidionale dans l'arsenal de la marine. »

On n'en mit pas d'ailleurs en circulation une quantité considérable, mais seulement ce qu'il fallait pour faciliter les transactions. D'après les relevés officiels, le magasin général contenait trois cent trente-six mille cent vingt-sept kilogrammes de cuivre, sur lesquels plus de cent mille en débris de canons et en vieilles feuilles à doublage hors de service. On en fondit quatre mille six cent vingt-sept kilogrammes, qui donnèrent, en pièces de cinq et de dix centimes, une somme de dix-huit mille cinq cent sept francs, versée dans la caisse du payeur général.

Dans quelques circonstances analogues, on avait vu les habitants porter eux-mêmes leur vaisselle à la maison de ville pour subvenir aux frais de la défense : à Magdebourg deux fois, en 1551, contre Maurice de Saxe, en 1629, contre Tilly ; à Danzig, pendant le siége de 1577, ils firent fondre les vases des églises et les bustes des saints ; à Amsterdam, l'année suivante, la statue d'argent de saint Nicolas, patron de la ville. Souvent ces monnaies de nécessité, en plomb, en étain, reçurent un cours forcé, avec promesse de remboursement après la guerre. A Leyde, assiégé par les Espagnols (1574) on fabriqua des monnaies en papier avec les litanies romaines, que le changement de religion avait rendues inutiles ; à Bouchain, assiégé par le duc de Marlborough (1711), on en fit avec des cartes à jouer ; Jacques II, lors de sa descente en Irlande, n'ayant pas de quoi payer ses troupes, fit frapper des pièces de bronze à valeur fictive, s'engageant à les échanger pour de bon argent quand il serait rétabli sur ses deux trônes ; mais le roi Guillaume les réduisit à leur valeur réelle.

Le soin qu'avait eu Carnot de donner à sa monnaie une valeur intrinsèque pareille à la valeur nominale la fit survivre aux circonstances. Pendant bien des années, les pièces obsidionales d'Anvers eurent cours en Belgique et en France. Il n'y a pas très-longtemps que l'on en voyait encore dans la circulation. Celles qui existent aujourd'hui sont conservées comme médailles dans les collections numismatiques, les matrices et poinçons qui avaient servi à leur fabrication ayant été brisés par ordre du gouverneur lorsqu'on cessa de monnoyer.

Nous avons décrit le timbre, aussi simple que possible, qui fut adopté pour cette monnaie : pas même une devise comme celle que la ville de Breda avait fait inscrire sur la sienne en 1577 : *necessitatis ergo*. Le maréchal de Boufflers, défenseur de Lille (1708), assez grand homme cependant pour se montrer modeste, avait chargé sa monnaie obsidionale de ses armoiries, de ses bâtons de commandement, de son manteau ducal et de tous les ordres dont il était décoré ; le marquis de Surville, mieux encore, fit graver sur la sienne sa propre effigie (Tournay, 1709) ; il est vrai que sa vaisselle en avait fourni le métal. Quoiqu'il en fût, cet acte de vanité blessa la cour, où l'on y vit un empiétement sur le droit régalien.

Finissons cette digression, un peu minutieuse peut-être, et revenons sur quelques faits antérieurs.

Pendant l'expédition du général Aymard, dont nous avons parlé, avait eu lieu l'étrange conflit de Bergopzoom, l'une des dépendances du gouvernement de Carnot. Cette ville est, comme Breda, une sorte de bastion avancé d'Anvers, qui ne permet pas à l'ennemi de demeurer en sécurité dans l'intervalle compris entre ces points fortifiés.

L'extrême disproportion de son étendue avec le petit nombre de ses défenseurs rendait alors sa situation très-difficile.

Un développement de plus de vingt mille mètres d'ouvrages de fortifications, et une garnison de trois mille hommes à peine, parmi lesquels un grand nombre de conscrits mal exercés et de Flamands mal intentionnés ; plus de cent pièces de canon en batterie sur les remparts et une seule compagnie d'artilleurs pour les servir (heureusement qu'une partie des marins se trouvaient aptes à remplir les fonctions de canonniers) ; une population hostile aux Français, les riches fuyant leurs maisons pour échapper aux réquisitions et aux emprunts, et allant habiter la campagne pour y conspirer avec l'ennemi : telle était cette situation.

Les Anglais, qui jusque-là s'étaient contentés de bloquer la place, tentèrent de la surprendre pendant la nuit du 8 au 9 mars, ayant pour guides des déserteurs, des colons du dehors et des citoyens de la ville même. Ils l'attaquèrent sur quatre points à la fois, par autant de colonnes, chacune de mille soldats environ, s'emparèrent de onze bastions sur quinze et pénétrèrent, malgré une vive résistance, dans le quartier du port, dont ils se rendirent entièrement maîtres. Le jour qui allait paraître, en montrant la faiblesse de la garnison, devait encourager les habitants à se tourner contre elle et éclairer le triomphe de l'ennemi.

Il éclaira au contraire sa défaite. Un petit nombre de braves, profitant des échelles que les assaillants avaient laissées au flanc d'un bastion, descendirent dans le fossé, remontèrent plus loin et vinrent déboucher derrière les Anglais, qui se croyaient parfaitement en sûreté. Pendant ce temps, le général Bizanet, gouverneur de la place, assisté par des officiers pleins de courage et de sang-froid, les attaquait de plusieurs côtés à la fois ; la marée haute interceptait le chemin par lequel ils étaient venus ; de sorte qu'environnés et écrasés par le feu de la mitraille et de la mousqueterie, ils n'eurent d'autre parti à prendre que celui de mettre bas les armes, avec le général qui les commandait. La garnison fit plus de prisonniers de guerre qu'elle ne comptait de soldats.

Voilà certainement un des faits d'armes les plus singuliers de l'histoire des siéges. Notre récit succinct est puisé dans le compte rendu qui fut adressé au gouverneur d'Anvers et dont la rédaction appartient au colonel du génie Legrand, directeur des fortifications de Bergopzoom, l'un des héros du combat. Ce brave officier, Bourguignon de naissance, qui est mort en 1849, à quatre-vingt-dix ans, en a publié une relation pleine d'intérêt.

Nous nous bornerons à mentionner sans détails l'envoi d'un vaisseau, l'*Anversois*, chargé de ruiner les batteries préparées par les Anglais pour bombarder le fort Lillo ; une expédition combinée entre les troupes de terre et de mer sur le haut Escaut ; plusieurs autres encore, entreprises pour approvisionner la ville et connaître la situation respective des armées belligérantes.

Car les nouvelles les plus contradictoires, souvent les plus extravagantes, circulaient. Tantôt on parlait de la marche rapide et victorieuse des étrangers vers la capitale, tantôt on affirmait que ceux-ci quittaient la France ; on assurait que l'armée autrichienne était rappelée par une invasion des Turcs en Hongrie ; tantôt Napoléon était mort ou prisonnier, tantôt il était triomphant. Ces bruits, recueillis avec avidité et se grossissant de bouche en bouche, agitaient les esprits.

Une lettre du général Maison put faire pressentir les dangers de la situation. Il écrivait à Carnot, le 26 mars :

« Monsieur le gouverneur,

« L'intention de Sa Majesté est que je retire toutes les troupes de ligne ou de la garde impériale qui se trouvent à Anvers ; que je prenne également deux mille hommes de la garnison de Bergopzoom, et que je renforce d'autant mon corps d'armée. Sa Majesté pense qu'il restera trois mille marins à Anvers, qui suffiront pour la défense de la place. Pour remplir les intentions de l'empereur, je vous prie de mettre en marche demain matin, pour se rendre à Saint-Nicolas, et après-demain matin de bonne heure à Termonde, la division du général Roguet, ses sapeurs, ses quatorze pièces, ses caissons à cartouches, les gibernes des soldats complètes ; de faire partir également pour Termonde tous les lanciers et chasseurs de la garde, moins vingt-cinq chevaux de chaque arme que vous garderez, et qui seront commandés par deux officiers. Faites également partir un demi-bataillon du 28e que vous avez, un du 58e et un du 4e léger, ainsi qu'une compagnie d'artillerie à pied du 8e régiment. Il faut que toutes ces troupes soient rendues ici ou à Termonde le 28 dans la journée, ou du moins vers le soir, les opérations dont je suis chargé ne souffrant aucun retard. Je sais ce qu'un pareil ordre a de fâcheux pour vous, mais je prends beaucoup sur moi en vous laissant la majeure partie des troupes de ligne. »

Carnot donna sur-le-champ les ordres nécessaires pour le départ de la garde impériale et de la ligne, sous le commandement du général Roguet. Ces troupes, réunies à celles du général Aymard, déjà sur la rive gauche de l'Escaut, devaient attaquer l'ennemi en masse, forcer le passage jusqu'à Lokeren, et rejoindre ainsi le premier corps d'armée.

Toutefois, la dépêche qui annonçait ce mouvement portait en même temps au général Maison les observations les plus sérieuses sur la position faite aux défenseurs d'Anvers.

« En obtempérant aux ordres de l'empereur, lui disait Carnot, je suis obligé de vous déclarer, monsieur le général en chef, que ces ordres équivalent à celui de rendre la place... L'enceinte est immense, et il faudrait au moins quinze mille hommes de bonnes troupes pour la défendre. Il ne reste donc plus ici qu'à se déshonorer ou à mourir. Je vous prie de croire que nous sommes tous décidés à ce dernier parti.

« Je crois, monsieur le général en chef, que si vous pouvez prendre sur vous de me laisser au moins la troupe de ligne et l'artillerie, vous rendrez à Sa Majesté un très-grand service. Mais le tout sera prêt à partir demain, si je ne reçois de vous un contre-ordre, que j'attendrai avec la plus grande impatience et la plus grande anxiété. »

L'amiral Missiessy joignait à cette lettre un dénombrement du personnel de l'escadre, chargé désormais de la défense de la place, en même temps que de la garde des navires et du service à bord des petits bâtiments employés à assurer les communications avec les forts de l'Escaut : deux mille cinq cents hommes, tout compris, états-majors, infirmes, surnuméraires.

Carnot, en envoyant au ministre de la guerre une copie de ces dépêches, ajoutait :

« Quand j'ai offert mes services à l'empereur, j'ai bien voulu lui sacrifier ma vie, mais non point mon honneur. Vous savez, monsieur le duc, que je ne suis pas dans l'usage de dissimuler la vérité, parce que je ne recherche pas la faveur. La vérité est que l'état où vos ordres me réduisent est cent fois pire que la mort, puisque je n'ai de chance pour sauver le poste qui m'est confié que la lâcheté de l'ennemi. »

L'abandon d'Anvers entrait-il, en effet, dans les plans de Napoléon, ou les périls du moment avaient-ils à ce point troublé ses calculs ?

Quoi qu'il en soit, les représentations du gouverneur d'Anvers et de l'amiral parurent tellement convaincantes au général Maison qu'il prit sur lui de n'obéir qu'à demi aux ordres ministériels. Il répondit à Carnot :

« Je reçois la lettre que vous m'avez fait l'honneur de m'écrire ce matin. Ce que vous me dites, je l'ai écrit et senti dès longtemps moi-même. Vous avez pu voir, par ma première lettre, que j'appréciais vos embarras et la peine que vous deviez éprouver. Quelque chose qui puisse arriver, je ne me sens pas le courage de vous laisser dans la position où vous seriez en vous ôtant les troupes que vous me réclamez. Gardez donc toute l'artillerie et l'infanterie. Je connais Anvers : cette place immense a des parties qu'on ne peut défendre qu'avec beaucoup de troupes. Je souhaite que celles que je vous laisse suffisent pour repousser les tentatives de l'ennemi. »

La garde impériale partit donc seule ; le duc de Plaisance profita de cette occasion pour quitter la ville.

Le mouvement du général Maison sur Anvers avait éloigné les Anglais. Mais quand ils apprirent que ce mouvement n'avait eu pour but que de réduire la garnison, ils se hâtèrent de se rapprocher avec de nouvelles espérances, comptant, non point sur un siége en règle ni sur une attaque de vive force, mais sur quelque surprise ou sur quelque trahison. Le commandant de la citadelle dénonça au gouverneur l'offre de cinq cent mille francs, puis d'un million, qui lui avait été faite pour livrer son poste. Conservons le nom de ce brave homme : c'était le général Ducos.

Il fallut donc redoubler de surveillance et de précautions. Carnot désigna un officier du génie, chargé exclusivement de visiter chaque jour toutes les parties de l'enceinte fortifiée pour reconnaître les points faibles ou dégradés ; il fit condamner toutes les poternes et lever les planchers des ponts dormants, inutiles désormais, puisque toute sortie était devenue impossible par l'absence de cavalerie. Pour ne pas harrasser de fatigue sa phalange si peu nombreuse, il distribua le service des patrouilles de nuit entre la ligne et la gendarmerie, les marins et les ouvriers militaires, la garde urbaine et la compagnie administrative de la marine, qui mérita, par son zèle et son dévouement, les félicitations particulières du gouverneur.

Cependant les récits les plus alarmants se propageaient ; il était important de ne pas les laisser s'accréditer en paraissant y croire soi-même. Lorsque le major général anglais Mackensie annonça *la reddition de Paris après une action dans laquelle l'armée française avait été totalement défaite sous les murs de la capitale*, le gouverneur répondit laconiquement : *Vos nouvelles sont fausses ; l'empereur est victorieux.*

Mais, dès le lendemain, il fallut bien s'avouer que le fait principal au moins n'était que trop réel. Le gouverneur, pour préparer les esprits à cette accablante certitude, publia la proclamation suivante :

« Le bruit se répand que la grande armée des alliés est entrée dans Paris. Cette nouvelle est peu vraisemblable, puisque tout indique au contraire qu'ils ont éprouvé des échecs considérables. Mais fût-il vrai qu'ils occupent la capitale, nous devons être sans alarmes sur le sort de la patrie : cette capitale deviendrait leur tombeau.

« Isolés comme nous le sommes du théâtre de tant de crimes et de dévastations, conservons jusqu'à la fin l'attitude qui convient à un peuple loyal et fidèle ; captivons par notre persévérance, par notre sagesse, par le dévouement que nous devons à des lois toujours existantes, l'estime de nos ennemis mêmes. L'état de choses actuel ne peut subsister : la crise est trop forte pour que la paix publique puisse être différée ; bientôt elle terminera les malheurs de l'Europe et fixera notre destinée, nécessairement honorable. »

Rien ne fut changé dans le service intérieur et dans les précautions au dehors, et afin de montrer la fermeté de ses résolutions, le gouverneur ayant appris que l'inondation supérieure, destinée à garantir la place, diminuait d'une manière dangereuse pour sa sûreté, par le fait des habitans de la commune d'Hoboken, qui ouvraient leur écluse à mer basse, ordonna de boucher cette écluse et menaça de rompre les digues de l'Escaut pour noyer le pays, si l'on s'avisait de la rétablir.

Le 10 avril, un parlementaire suédois fut introduit ; il apportait à Carnot cette lettre d'un homme qui avait autrefois correspondu avec lui sous un autre nom :

« Monsieur le général Carnot,

« J'envoie auprès de vous mon aide de camp général, l'amiral Gyllenskold, qui a toute ma confiance, et qui vous mettra au fait des derniers événements qui ont eu lieu à Paris. Vous verrez, par les communications que cet officier général est chargé de vous faire, que l'empereur Napoléon est déchu, et que le sénat allait offrir la couronne à Louis XVIII, après avoir posé les bases d'une constitution libérale et répondant parfaitement aux principes que vous me connaissez. En vous proposant de remettre la forteresse dont vous avez le commandement, et de joindre vos troupes à celles que je mène à la conquête de la paix, je témoigne mon désir de conserver à la France un homme qui peut encore lui être si utile par ses talents distingués, et je vous donne la preuve la plus solennelle de l'estime et de la considération que je vous ai toujours portées. Sur ce, je prie Dieu, etc.

« Votre affectionné,

« CHARLES-JEAN.

« A mon quartier général, le 8 avril 1814. »

Carnot lui répondit :

« Prince,

« C'est au nom du gouvernement français que je commande dans la place d'Anvers ; lui seul a le droit de fixer le terme de mes fonctions. Aussitôt que ce gouvernement sera définitivement et incontestablement établi sur ses nouvelles bases, je m'empresserai d'exécuter ses ordres ; cette résolution ne peut manquer d'obtenir l'approbation d'un prince né Français, et qui connaît si bien les lois que l'honneur prescrit.

« Les habitants d'Anvers ne souffrent pas ; la paix règne chez eux, plus peut-être que sur aucun autre point de l'Europe. Ils sentent tous, comme moi, la nécessité d'attendre que l'ordre politique ait pris son assiette, et sans doute nous ne tarderons pas à recevoir directement les instructions que nous devrons suivre. — Agréez, prince, l'hommage de mon estime respectueuse.

« CARNOT.

« Anvers, le 10 avril 1814. »

Cette lettre, dans sa forme courtoise, renfermait une censure peu déguisée de l'ancien général français, devenu l'auxiliaire des ennemis de la France. Bernadotte devait connaître assez bien le gouverneur d'Anvers pour s'épargner la démarche qu'il venait de faire auprès de lui. On a voulu l'expliquer par le rêve d'une grande ambition, par l'éblouissement des promesses que lui avait faites, dit-on, l'empereur de Russie, et auxquelles peut-être il espérait intéresser Carnot au nom de leurs précédentes relations.

D'autres ouvertures tendant au même but furent faites par les chefs des différentes armées.

Les coalisés avaient un extrême désir d'entrer dans Anvers. On a fait circuler à ce sujet des propos étranges ; on a été jusqu'à nommer les sommes fabuleuses offertes à Carnot pour obtenir de lui une reddition anticipée de quelques jours seulement. On a parlé de quatre, de huit, de dix millions. Il faut considérer ces chiffres comme une appréciation de l'intérêt immense que les Anglais surtout attachaient à la prise de possession de cette place importante, et comme une mesure des obstacles qu'ils s'attendaient à rencontrer dans la loyauté du gouverneur. Mais, en fait de loyauté, une mesure, si grande qu'elle soit, est encore une offense.

Le 11 avril, entra dans Anvers le premier courrier de Paris qu'on y eût vu depuis le 2 février, avec des journaux remplis de détails sur la prise de la capitale. Le préfet du département publia cette proclamation, approuvée par le gouverneur :

« De grands événements viennent de se passer. Nous en ignorons encore les résultats. Jusqu'à ce qu'ils nous soient authentiquement et légalement connus, les autorités qui représentent le gouvernement français à Anvers continueront d'y faire respecter et exécuter les lois qu'elles sont chargées de défendre. Elles ne cesseront de remplir leurs devoirs, en maintenant l'ordre public, en protégeant les citoyens, en garantissant enfin la ville d'Anvers de recevoir des conditions particulières de la force armée qui environne ses murs, quand son sort doit être le noble fruit d'une pacification générale. »

Suivent des mesures sur la rentrée régulière des contributions.

Le 12, au soir, arrivée de M. Ferrandin Gazan, aide de camp du général Dupont, ministre de la guerre, nommé par le gouvernement provisoire. Le ministre, dans une dépêche officielle du 7 avril, notifiait la déchéance de Napoléon, prononcée par le sénat, en demandant à la garnison d'Anvers son adhésion aux actes *émanés de l'autorité nationale*. Une lettre confidentielle de la même date, rappelant par sa forme toute familière les anciennes relations qui avaient existé entre le général Dupont et mon père, annonçait l'abdication de l'empereur. Voici cette lettre :

« Paris, le 7 avril 1814.

« Vous serez étonné, mon cher général, de voir que j'occupe une place que vous avez rendue si difficile à remplir après vous. Voilà donc la France pacifiée ou du moins prête à l'être, car la paix va suivre de près les grands événements qui viennent d'avoir lieu. Les hostilités cessent de tous côtés à mesure que les nouvelles de Paris s'étendent. Bonaparte a signé une abdication pure et simple après en avoir donné une conditionnelle. Il demandait la régence de l'impératrice pour conserver les droits de son fils. Tout a été refusé, et l'armée s'est prononcée hautement contre lui. On lui accorde un asile dans l'île d'Elbe. La constitution a été adoptée cette nuit par le sénat.

« Combien je serais heureux de pouvoir vous donner une preuve agréable pour vous de tous mes affectueux et inviolables sentiments ! Je vous embrasse, mon cher général.

Les personnes accoutumées à supputer les dates seront surprises de voir que, dans une lettre écrite le 7 avril, il soit fait mention d'un événement réalisé seulement le 11, l'abdication de Fontainebleau. Cependant la date de la lettre est mise hors de doute par ces mots : « La constitution a été adoptée *cette nuit* par le sénat. » Elle est confirmée encore par l'arrivée à Malines, le 11, à Anvers le 12, de l'aide de camp qui en était porteur. Le général Dupont annonçait donc comme accompli déjà un fait qui n'était que vraisemblable et prévu. Reste à expliquer comment on pouvait le prévoir avec une telle précision quatre jours à l'avance [1].

Quoi qu'il en soit, cette équivoque faillit amener de graves incidents à Anvers.

Carnot réunit, le 12 au soir, le conseil de défense et lui communiqua toutes les dépêches qu'il avait reçues. La missive officielle contenait ce qui suit :

« *Le ministre de la guerre à M. le général Carnot, gouverneur d'Anvers.*

Paris, 7 avril 1814.

  « Général,

 « Par un acte du sénat conservateur, du 3 avril courant, Napoléon Bonaparte a été déclaré déchu du trône, et le droit d'hérédité établi dans sa famille a été aboli.

 « Par une déclaration en date du même jour, le corps législatif a adhéré à l'acte du sénat conservateur.

 « Le sénat a ordonné la formation d'une commission de gouvernement provisoire, et cette commission, par un arrêté subséquent, m'a investi des fonctions de ministre de la guerre.

 « J'ai l'honneur de vous adresser, général, tous les actes émanés, à ce sujet, du sénat conservateur, du corps législatif et du gouvernement provisoire de France. Je ne doute pas qu'après en avoir pris connaissance, vous ne répondiez à l'appel fait à tous les vrais Français, c'est-à-dire à ceux que touchent les noms d'honneur et de patrie ; que vous n'adhériez, en conséquence, à tous les actes émanés de l'autorité nationale, et que vous ne les fassiez reconnaître immédiatement par les troupes françaises sous vos ordres.

---

[1] Cette explication se trouve peut-être dans une lettre adressée à Talleyrand par le maréchal Ney, de Fontainebleau, le 5 avril, à onze heures et demie du soir, lettre dont les promesses avaient dû tromper le ministre de la guerre :

« L'empereur, convaincu de la position critique où il a placé la France, et de l'impossibilité où il se trouve de la sauver lui-même, a paru se résigner et consentir à l'abdication entière et sans aucune restriction. C'est demain matin que j'espère qu'il m'en remettra lui-même l'acte formel et authentique. Aussitôt après, j'aurai l'honneur d'aller voir Votre Altesse Sérénissime

« Je vous invite, général, à me faire connaître, le plus promptement possible, votre acte personnel d'adhésion ainsi que celui des troupes sous vos
ordres, aux changements opérés dans la constitution de l'Etat, et à me
mettre à portée, aussitôt que j'aurai présenté cet acte au gouvernement provisoire de France, de vous adresser des instructions appropriées à votre situation actuelle.

« Du moment que votre acte d'adhésion sera connu, toutes hostilités cesseront entre les troupes sous vos ordres et celles des puissances alliées.

« Le ministre de la guerre,

« Le général comte Dupont. »

La réponse de Carnot aonne une sorte de procès-verbal des délibérations du conseil de défense provoquées par cette dépêche :

« Anvers, le 13 avril 1814.

« Monsieur le comte,

« Au reçu de votre lettre du 7 de ce mois et des pièces imprimées qui s'y
trouvaient jointes, je me suis empressé de rassembler les membres qui
composent le conseil de défense, lequel a tenu deux séances à ce sujet,
l'une hier soir et l'autre ce matin.

« Dans la première, tous les membres s'étaient prononcés spontanément
pour l'adhésion pure et simple aux actes dont vous me donnez connaissance.

« La formule d'adhésion avait été en conséquence préparée sur-le-champ,
et une proclamation de moi, concordante à ce principe, avait été imprimée
pendant la nuit ; mais dans la seconde séance, nous avons reconnu que
notre ardent désir de la paix nous avait fait agir avec trop de précipitation ;
il est survenu de graves et nombreuses objections, d'après lesquelles j'ai dû
penser que nous n'étions pas suffisamment éclairés ; et j'ai résolu d'envoyer
à Paris un officier général et un officier supérieur pour prendre connaissance de la véritable situation des choses, et nous mettre, sur leur rapport,
en état de faire une déclaration réfléchie.

« Votre Excellence approuvera sans doute, qu'entourés d'ennemis qui
cherchent sans cesse à nous tromper, nous demeurions dans une extrême
défiance de tout ce qui nous vient du dehors. Les sommations ou invita-
tions multipliées qui m'ont été faites de rendre la place, et particulièrement
celle de M. de Bulow et celle du prince royal de Suède, dont je vous envoie
copie avec mes réponses, prouvent une marche insidieuse, et annoncent
que, dans l'intérieur, on est loin de l'unanimité ou même de cette grande
majorité d'opinions qui doit déterminer l'obéissance de la force armée.

« De plus, en discutant les faits et les actes que Votre Excellence m'a fait
l'honneur de m'adresser, nous trouvons beaucoup de choses à désirer.

« 1° Nous ne pouvons regarder comme parfaitement libres des actes émanés des grandes autorités, pendant que l'ennemi est maître de la capitale ;

« 2° Quoique l'abdication de l'empereur soit annoncée comme certaine,
nous n'en avons pas l'acte formel ;

« 3° En supposant cette abdication réelle, nous ne voyons pas qu'elle
doive priver son fils de ses droits à la succession, ni l'impératrice de ses
droits à la régence ;

« 4° Une grande partie des membres du sénat paraît n'avoir pris aucune part à ses délibérations. Il est possible qu'ils se trouvent réunis ailleurs et qu'ils prennent des décisions opposées ;

« 5° Il paraît également qu'il n'y a qu'une faible portion du corps législatif à Paris qui ait pris part à ses délibérations.

« Un ajournement jusqu'à plus ample informé nous paraît être sans inconvénient majeur, tandis qu'une décision trop précipitée pourrait être la cause des plus grands désordres et peut-être d'une guerre civile. Cette place est si importante par son objet, sa force, sa position, sa population, son influence sur toute la Belgique, qu'une fausse démarche de notre part entraînerait infailliblement les plus grands malheurs. C'est à l'empereur Napoléon que nous avons fait notre serment de fidélité, nous devons le tenir jusqu'à ce qu'il nous soit démontré que son gouvernement a cessé d'être légitime.

« Agréez, monsieur le comte, etc.

« Le général de division, gouverneur d'Anvers,
« CARNOT. »

Aucune dépêche de Paris n'avait confirmé l'annonce de l'abdication ; les journaux même n'en parlaient pas. Carnot, en remettant à l'aide de camp du ministre la lettre que nous venons de transcrire, lui dit : « Monsieur, vous vous exposiez à être fusillé, comme porteur de fausses nouvelles. » Et il lui enjoignit de partir aussitôt.

Un officier anglais qui avait accompagné cet aide de camp crut devoir profiter de la circonstance pour proposer une suspension d'armes, en demandant la remise du fort de Batz comme garantie des conditions. Le gouverneur lui répondit que pour le moment il croyait avoir moins besoin d'une suspension d'armes que le général anglais, et qu'il ne l'achèterait à aucun prix.

Une grande fermentation régnait dans la ville. Là, comme partout, les opinions contraires avaient leurs représentants exaltés. Certains hommes, naguère fanatiques du gouvernement impérial, enflaient leurs voix pour célébrer les louanges de la famille des Bourbons, inconnue la veille. Nous ne sommes point tentés de mettre des noms au bas des visages ; mais il faut bien mentionner un incident qui a fait quelque bruit dans les journaux et dans les biographies.

Le commissaire général de police d'Anvers, un de ceux-là précisément qui s'étaient signalés par la ferveur et quelquefois aussi par la rudesse de leur zèle administratif, n'eut pas la patience d'attendre le signal des autorités supérieures pour adhérer au changement de règne. Il envoya sa profession de foi personnelle à l'insu du gouverneur. Celui-ci, informé, donna à l'auteur de cette incartade l'ordre de quitter la ville sur-le-champ. M. B. vint s'excuser et obtint deux jours de délai, nécessaires pour esquiver une réception désagréable que lui préparaient les habitants de Malines, irrités contre sa personne. De retour à Paris, l'ancien commissaire impérial s'enrôla dans la presse ultraroyaliste, et les injures dont la *Gazette de France* honora Carnot à cette époque furent, dit-on, le produit de cette plume vindicative.

Quelques empressements prématurés du même genre donnèrent lieu à répression. Un officier supérieur dut être suspendu et mis aux arrêts.

Carnot se vit obligé de désavouer d'abord, puis d'interdire avec autorité les diatribes de certains journaux contre l'empereur vaincu.

Ces petits événements, et d'autres plus graves, des excitations à la révolte et à la désertion, provoquèrent l'ordre du jour du 14 avril, où Carnot, après avoir rappelé les devoirs imposés aux défenseurs de villes assiégées, disait :

« Le gouverneur défend qu'il soit rien innové dans la forme des actes publics, civils et militaires, non plus que dans les uniformes et costumes, jusqu'à ce qu'il en ait lui-même donné l'ordre ou l'autorisation, et il improuve la conduite de ceux qui se seraient permis de reconnaître individuellement aucune autorité contraire à celles qui étaient en vigueur lors de son arrivée dans cette place. C'est à lui seul qu'il appartient de donner le signal des changements qui pourraient survenir.

« Les lois sur les déserteurs et sur les provocateurs à la désertion seront observées dans toute leur rigueur ; la discipline la plus exacte sera maintenue dans tous les corps ; la police intérieure de la ville, et principalement celle des portes, s'exercera avec une nouvelle surveillance ; tout ce qui portera le caractère d'attroupement sera sur-le-champ dispersé par la force armée. »

La désertion devenait effrayante, en effet, provoquée par un arrêté du gouvernement provisoire, qui permettait aux conscrits de rentrer dans leurs foyers ; tous recevaient de leurs parents les lettres de rappel les plus pressantes. Carnot se plaignit amèrement de cet imprudent arrêté, dans une lettre particulière écrite au ministre de la guerre, sous l'empire des sentiments les plus douloureux :

« Il faut le dire, monsieur le comte, l'envoi que vous m'avez fait d'un aide de camp portant la cocarde blanche est une calamité. Les uns ont voulu l'arborer sur-le-champ, les autres ont juré de défendre Bonaparte ; une lutte sanglante en eût été le résultat immédiat dans la place même d'Anvers, si, sur l'avis de mon conseil, je n'eusse pris le parti de différer mon adhésion et celle de la force armée. Les autorités civiles se sont prononcées en sens contraire. J'ai pris sur moi d'improuver leur conduite. On veut donc la guerre civile ; on veut que l'ennemi se rende maître de nos places ; et parce que la ville de Paris a été forcée de recevoir la loi du vainqueur, il faut que toute la France la reçoive ! Il est évident que le gouvernement provisoire ne fait que transmettre les ordres de l'empereur de Russie. Qui nous absoudra jamais d'avoir obéi à de pareils ordres ? Quoi ! vous ne nous permettez pas seulement de sauver notre honneur ! Vous devenez vous-même fauteur de la désertion, provocateur de la plus monstrueuse anarchie ! Les leçons de 1792 et de 1793 sont perdues pour les nouveaux chefs de l'État. Ils cherchent à surprendre notre adhésion, en nous affirmant que Napoléon vient d'abdiquer, et aujourd'hui ils nous disent le contraire. Après nous avoir donné un tyran au lieu de l'anarchie, ils remettent l'anarchie à la place du tyran. Quand verrons-nous la fin de ces cruelles oscillations ? Paris ne jouit que d'un calme momentané, calme perfide, qui nous présage les plus horribles tempêtes. O jours d'affliction et de flétrissure ! heureux sont ceux qui ne vous ont pas vus. »

Le 16 avril, le général Maison écrivit à Carnot que son corps d'armée, et presque la France entière, avaient reconnu Louis XVIII pour souverain, et il lui demandait sa propre adhésion pour l'envoyer à Paris. Carnot, par des motifs qu'il nous fera connaître tout à l'heure, suspendait sa décision ; il retarda même, jusqu'à des instructions formelles de Paris, l'inauguration du pavillon blanc ; son cœur se révoltait, comme celui du peuple, devant l'abandon des couleurs nationales.

Mais la continuation des hostilités dans un tel état de choses eût été déraisonnable et inhumaine. Carnot proposa donc au général Graham, commandant des forces anglaises, une suspension d'armes, dont les conditions furent réglées, et les habitants d'Anvers n'eurent plus à supporter la gêne d'un blocus.

Un des premiers soins du gouverneur fut alors de rendre à sa destination l'admirable musée de la ville, que les nécessités de la guerre avaient obligé de transformer en hôpital.

Nous empruntons ce qui suit à un précis des événements adressé par Carnot au ministre de la guerre :

« Les journaux ayant fait connaître l'acte formel d'abdication de Napoléon, en date du 11 avril, il n'y eut plus aucun doute sur la nécessité de l'adhésion demandée. Cependant le gouverneur, craignant qu'il ne restât quelque principe de division parmi les troupes, crut qu'il était de sa prudence d'ajourner encore et de préparer le changement par un nouvel ordre du jour. Les autres membres du conseil présents furent tous d'avis contraire ; mais le gouverneur, usant des droits que lui attribue l'article 105 du décret impérial du 24 décembre 1811, décida seul, en invitant chacun de ses collègues à consigner son opinion personnelle dans le registre des délibérations. En conséquence, il fit publier le lendemain matin cet ordre du jour, conforme à sa résolution. La parade eut lieu, comme de coutume, sur la place de Meir ; tout s'y passa fort bien :

« Soldats !

« Nous sommes restés fidèles à l'empereur Napoléon, jusqu'à ce qu'il nous ait lui-même abandonnés. Il vient de renoncer à un pouvoir dont il avait si longtemps abusé ; il vient d'abdiquer un empire dont il ne pouvait plus tenir les rênes : nous sommes, à son égard, déliés du serment de fidélité.

« Quant au nouveau souverain, qui doit être bientôt proclamé, on ne peut raisonnablement douter que ce ne soit Louis XVIII. L'ancienne dynastie va reprendre ses droits ; les descendants de Henri IV vont remonter sur le trône de leurs pères.

« Dans ces circonstances importantes, la garnison ne doit pas perdre de vue qu'elle n'a aucun vœu à émettre. La force armée ne délibère pas, elle obéit aux lois, elle les fait exécuter. Elle serait coupable si elle se prononçait spontanément ou individuellement, parce que c'est l'unité qui fait toute sa force et qu'elle ne doit jamais s'exposer à une divergence d'opinion.

« Le moment approche, sans doute, où nous devrons prêter un nouveau serment à celui qu'aura désigné pour son roi l'assentiment général de la nation; mais nous devons prévenir tout désordre, éviter toute secousse, obéir unanimement. L'instant précis sera donc fixé par nous; il sera consacré par une solennité. Jusqu'alors nous ne nous permettrons aucun changement, aucun acte partiel; nous serons fermes à notre poste; nous garderons religieusement le dépôt sacré qui est entre nos mains, et nous attendrons en soldats fidèles et incorruptibles l'heure de le remettre à son souverain légitime. »

Le lendemain le général Graham, commandant de l'armée anglaise, écrivit à Carnot :

« Il est des circonstances qui permettent à peine d'offrir les sentiments qu'on éprouve. J'espère pourtant, général, que vous me permettrez de vous faire parvenir les témoignages de mon admiration sincère pour votre ordre du jour d'hier, que le hasard m'a procuré; il est tellement sage et juste dans ses principes, qu'il vous assure l'approbation des soldats de tous les pays. »

Ces principes sont d'accord avec ceux que Carnot avait émis dans les temps les plus passionnés et devant les conjonctures les plus délicates. S'il avait jugé que les droits politiques devaient être respectés sous le drapeau comme dans toute autre condition du citoyen, s'il avait contesté l'obéissance passive parce qu'elle lui semblait offrir à un chef ambitieux la dangereuse possibilité de se faire un instrument de son armée, il n'admettait pas davantage qu'une soldatesque mutinée pût se prévaloir de sa force pour imposer ses caprices à la nation.

Le 18, une dernière proclamation termina la crise :

« Soldats !

« Aucun doute raisonnable ne pouvant plus s'élever sur le vœu de la nation française en faveur de la dynastie des Bourbons, ce serait nous mettre en révolte contre l'autorité légitime que de différer plus longtemps à la reconnaître. Nous avons pu, nous avons dû procéder avec circonspection; nous avons dû nous assurer que le peuple français ne recevait cette grande loi que de lui-même. Un gouvernement établi dans une ville occupée par des armées étrangères, avec lesquelles il n'existe encore aucun traité de paix, a dû quelque temps nous inspirer des craintes sur la liberté de ses délibérations; ces craintes sont dissipées par le vœu unanime des villes éloignées du théâtre de la guerre. Honneur à ceux qui ont su réprimer, dans leur élan, un zèle indiscret, qui eût pu compromettre la discipline et la sûreté du dépôt qui nous est confié. L'avénement du nouveau roi au trône de ses ancêtres sera bien plus glorieux appelé par l'amour des peuples que reçu par la terreur des armes. »

. Il est certain que les dernières années de l'Empire avaient tellement lassé le peuple français, qu'il accepta d'abord la Restauration comme un repos désirable.

« Mon cher général, écrivit alors Carnot au ministre de la guerre, ce n'est pas sans peine que j'ai mené ma barque à bon port. Il m'a fallu traverser bien des écueils; il m'a fallu faire de grands détours pour arriver à un but que nous touchions dès le premier moment. Les difficultés sont venues : 1° de ce que nous avons vu votre aide de camp comme tomber des nues avec une cocarde blanche; 2° de ce que vous m'aviez annoncé positivement l'abdication de Bonaparte, tandis que par les journaux on voyait qu'elle n'était pas donnée; 3° de l'arrêté du gouvernement provisoire qui permet aux conscrits de s'en aller; 4° d'une cabale qui, tenant fortement à Bonaparte, a fait en sa faveur une résistance inattendue, telle, que je ne pouvais plus ordonner l'adhésion de la garnison et des troupes de la marine sans courir le risque le plus évident d'une scission.

« Lorsque cette cabale a vu qu'il n'y avait plus de subterfuge possible, elle a violemment pressé la mesure, mais les têtes étaient encore trop échauffées. J'ai voulu à mon tour marcher prudemment, et je suis parvenu sans secousse à obtenir le résultat. On n'a pas été aussi heureux à Lille et à Ostende [1].

« J'ai fait un précis de tout ce qui s'est passé à cette occasion; je vous l'envoie et vous invite à le lire, pour peu que vous ayez du temps. J'ai tâché de ne compromettre personne, quoiqu'il y eût des gens bien coupables, ou du moins bien égarés. Ce précis a été inscrit au registre des délibérations du conseil de défense, après avoir été entendu et reconnu vrai par tous les membres. L'union la plus parfaite avait régné jusqu'alors, et il a fallu cet événement pour nous diviser. »

Le ministre de la guerre répondit :

« Général, j'ai reçu les différentes pièces que vous m'avez transmises le 19 de ce mois... Je les ai mises sous les yeux de S. A. R. Monsieur, lieutenant général du royaume, qui a vu avec satisfaction la conduite prudente et ferme que vous avez tenue dans cette circonstance difficile.

« Recevez, général, etc.

« Dupont. »

Le même jour, 25 avril, Dupont écrivait particulièrement à Carnot :

« Le traité qui vient d'être signé, mon cher général, va vous ramener parmi nous. La frontière de Vauban est reprise et nous cédons de belles places de guerre. La paix de l'Europe et le sage gouvernement des Bourbons

---

[1] Le général Maison, commandant à Lille, avait été obligé de tourner les canons de la citadelle contre les portes de la ville; acte de vigueur qui lui avait valu les félicitations du comte d'Artois. Le ministre Dupont, ayant voulu faire entendre au lieutenant général du royaume qu'il serait convenable d'adresser pareillement une lettre au gouverneur d'Anvers qui avait atteint le but par des moyens de douceur, n'en obtint que cette réponse : « Nous verrons, nous verrons. » Premier témoignage des rancunes qui couvaient dans l'âme des Bourbons.

effaceront à cet égard nos regrets et nous serons encore une grande puissance.

« Je fais assigner des fonds pour payer sur-le-champ un mois de solde à la garnison d'Anvers. Je partage toute votre sollicitude pour ces braves troupes.

« Ce que vous avez fait a été bien apprécié. La sagesse et l'habileté sont inséparables de vos dispositions. »

Toutes les conquêtes de la République étaient abandonnées par la convention du 23 avril. Le nouveau royaume rentrait dans les limites de l'ancien. De magnifiques provinces devaient être évacuées, cinquante-trois places fortes, encore occupées par nos troupes, livrées avec leur *dotation*, un milliard et demi de valeur. Sur le conseil de Talleyrand, et sans même attendre l'arrivée du roi, le comte d'Artois céda tout cela d'un trait de plume, avec le laisser-aller, comme on l'a dit, d'un légataire mis en possession d'un héritage inattendu, et qui paye, sans compter, tout ce qu'on lui réclame.

« Nous fûmes dessaisis en un moment de tous les moyens de compensation qui restaient à la France pour obtenir une paix plus honorable [1]. »

Le sacrifice devait être consommé dans un délai de vingt jours. Carnot ne se sentit pas le courage d'assister au dépouillement de la France ; il pria le ministre de donner à quelque autre cette triste commission. Le ministre la proposa à Carnot Feulins, qui refusa d'aller rendre aux ennemis une ville glorieusement conservée par son frère.

Carnot fixa son départ au jour même où devait arriver l'officier général, commissaire du gouvernement, chargé de remettre aux mains des étrangers la place d'Anvers avec son matériel d'artillerie et du génie, archives, plans, cartes, modèles, etc. Quant à l'arsenal et aux beaux navires qui peuplaient l'Escaut, leur sort n'était que suspendu jusqu'au traité de paix définitif, qui heureusement en conserva un tiers à la France. Aux termes de ce traité, elle aurait tout perdu, si Carnot eût consenti, comme on le lui demandait, à livrer la ville avant le 23 avril. Il avait eu soin aussi de faire accepter en payement à plusieurs créanciers de l'Etat des fers, bronzes et cuivres entassés dans l'arsenal, afin que cela du moins vint diminuer les pertes du pays.

Ecoutons maintenant ses adieux aux Anversois :

« Anvers, 1er mai 1814.

« Le général de division, gouverneur d'Anvers, annonce aux habitants qu'il touche au terme de sa mission.

« Il ne saurait se séparer d'eux sans leur adresser ses vœux pour la prospérité de leur ville, ses félicitations sur leur conduite franche et courageuse,

---

[1] Carnot, *Exposé de la situation de l'empire en 1815*, p. 27.

et sa gratitude pour les marques de confiance dont ils n'ont cessé de l'honorer.

« Il les remercie avec sensibilité des ressources qu'ils lui ont offertes pour l'entretien des troupes, et des secours généreux qu'ils ont prodigués dans toutes les occasions aux soldats blessés.

« Il s'estime heureux d'emporter l'assurance que tous ont rendu justice à la pureté de ses intentions, que les mesures de rigueur qu'il s'est vu quelquefois obligé de prendre lui étaient commandées par des circonstances impérieuses, et qu'enfin pendant son séjour, grâce au bon esprit dont chacun était animé, Anvers est devenu un asile pour ceux qui fuyaient les malheurs inséparables d'une guerre terrible, plutôt qu'une ville en proie aux privations et aux dévastations qu'entraînent ordinairement un bombardement et un blocus prolongé.

« Le général de division, gouverneur,

« Carnot. »

Voilà quelle fut leur réponse :

« Les habitants de cette grande cité voient avec plaisir et reconnaissance le témoignage d'estime que leur donne Son Exc. le général Carnot, gouverneur de cette ville. Ils ont su juger la différence qui existait entre un homme affable, instruit, impartial, sévère, à la vérité, mais juste, et les hommes qui, jugeant au gré de leurs passions ou de leurs caprices, ignorant ou voulant ignorer les causes qui font adopter au peuple telles ou telles opinions, frondant à tort et à travers les usages et les habitudes qui ne sont pas les leurs, ne voyaient dans un peuple paisible et bon que des ennemis prêts à se soulever, et n'éprouvaient que le besoin de la vexation ou de la destruction sans nécessité. Ces hommes ne laissent rien d'eux dans notre ville, comme ils n'en emportent rien.

« Mais vous, général gouverneur, vous nous laissez de grands souvenirs, et vous emportez l'estime et la reconnaissance de presque tous les habitants de cette grande ville. Puisse cet hommage simple et vrai les rappeler encore longtemps à votre souvenir !

« Oui, le nom de Carnot s'associe à celui d'Anvers, et le burin de l'Histoire les réunira. Tout autre éloge serait superflu. »

Que l'on se reporte à cette époque où le joug de Napoléon était devenu si pesant et où ceux qui commandaient en son nom inspiraient si peu de sympathie.

Que l'on songe à la disposition naturelle des esprits dans une ville assiégée, dans une ville commerçante où toutes les transactions étaient suspendues par l'état de blocus, dans une ville habitée par une population étrangère à la France par son langage et ses mœurs.

Que l'on se rappelle les mesures sévères imposées au gouverneur par la nécessité de maintenir l'ordre et de pourvoir aux besoins de sa garnison.

On pensera peut-être que si la justice et la douceur n'avaient point présidé à tous ses actes, un homme de guerre n'aurait point laissé de tels souvenirs dans les cœurs. Il est certain que Carnot avait fini par inspirer personnellement une telle confiance et une telle affection aux Anversois, qu'ils ne lui auraient rien refusé.

Les habitants de Borgerhout surtout voyaient en lui un sauveur. La reconnaissance de ces braves gens s'exprima dans des termes naïfs et touchants que je ne puis m'empêcher de transcrire encore :

« Monseigneur,

« Votre Excellence va nous quitter ! Nous en éprouvons un mortel chagrin. Ah ! si quelque chose pouvait en adoucir l'amertume, ce serait le bonheur de la posséder encore quelques minutes dans nos murs. Nous sollicitons cette grâce insigne avec la plus vive instance. Nous la supplions de daigner nous l'accorder.

« Willebrord, le 30 avril 1814. »

Et le lendemain 1er mai :

« Monseigneur,

« Les bienfaits dont les habitants de Saint-Willebrord ont été comblés par Votre Excellence sont gravés dans leurs cœurs, ils ne s'effaceront jamais ! Le simple monument que nous avons érigé en perpétuera le souvenir.

« Nous eussions donné plus d'éclat aux témoignages de notre reconnaissance, si le destin cruel ne nous eût séparés de la France ! Eh ! comment se livrer à la joie, quand le départ de Votre Excellence est pour nous le signal d'un deuil éternel !

« Votre Excellence nous quitte. Nous ne la reverrons peut-être jamais ! Qu'il serait doux pour nous de conserver les traits du guerrier magnanime à qui nous devons nos fortunes et la vie ! Si Votre Excellence se faisait peindre un jour, et qu'elle daignât faire faire pour nous un double du tableau, les habitants de notre faubourg ne se croiraient plus séparés de leur ange tutélaire. Ce précieux présent sera déposé dans l'église de Saint-Willebrord.

« Les habitants de Saint-Willebrord et de Borgerhout sollicitent une seconde grâce : de permettre, seulement une fois l'année, à la personne chargée de les administrer, de s'informer de la santé de Votre Excellence, pour laquelle nous adressons au ciel les vœux les plus ardents !

« Veuillez agréer, etc.

« Les adjoints maires de Borgerhout et de Saint-Willebrord,
pour tout le faubourg,

« L. Muguet, J. J. Guyot. »

Le monument dont il s'agit dans cette lettre était une simple pierre placée à l'entrée de Borgerhout. Cette pierre disparut dans les jours de réaction ; elle fut, dit-on, enlevée nuitamment. D'autres pierres incrustées dans les murs le long du faubourg et portant cette inscription : *Rue Carnot,* furent recouvertes de plâtre dans un but de préservation. Mais le souvenir du bienfait était mieux écrit dans le cœur des habitants de Borgerhout que sur la pierre elle-même : ils ne cessèrent point de donner le nom de Carnot à leur grande rue.

Enfin, après 1830, quand les circonstances politiques permirent à ce souvenir de se manifester officiellement, le conseil de régence d'Anvers décida que la pierre élevée en 1814 serait rétablie aux frais de la ville.

L'inauguration du monument eut lieu le 20 juin 1834, en présence d'une foule considérable, au milieu de laquelle figuraient l'ancien maire de Borgerhout et le vieux curé de Saint-Willebrord. Les couleurs belges, françaises et américaines étaient arborées sur plusieurs édifices ; le faubourg entier offrait l'aspect d'une fête ; il y eut le soir bal et feu d'artifice.

La nouvelle table de marbre replacée à l'entrée de Borgerhout, à l'endroit même où se trouvait l'ancienne, porte ces mots gravés en lettres d'or :

Au général Carnot, la ville d'Anvers reconnaissante.

Nous avons laissé Carnot prêt à franchir les portes d'Anvers. Il quitta cette ville le 3 mai à cinq heures du matin à la tête de sa garnison, et se rendit successivement à Gand, Bruges, Furnes (théâtre de sa première action militaire), Dunkerque et Saint-Omer, d'où il prit directement la route de Paris, ramenant avec lui mon frère qui, après avoir fait son noviciat des armes sous les murs de Paris avec l'Ecole polytechnique, était allé le rejoindre à Anvers.

Carnot venait de défendre jusqu'au dernier moment la cause française contre l'étranger. Un autre devoir allait lui être imposé : défendre les principes de la révolution contre l'esprit réactionnaire, double tâche de sa vie.

PARIS. — IMPRIMERIE DE PILLET FILS AÎNÉ, RUE DES GRANDS-AUGUSTINS, 5.

9 782329 023922